短期汉语教学丛书

走 进 中 国

中级本

MEETING CHINA

Intermediate

任雪梅　刘晓雨　编

北京大学出版社
PEKING UNIVERSITY PRESS

图书在版编目(CIP)数据

走进中国＝Meeting China：中级本/任雪梅，刘晓雨编著．—北京：北京大学出版社，1997.7
ISBN 978-7-301-03355-5

Ⅰ．走…　Ⅱ．①任…　②刘…　Ⅲ．对外汉语教学－教材　Ⅳ．H195.4

书　　　　名：	走进中国（中级本）
著作责任者：	任雪梅　刘晓雨　编
责 任 编 辑：	杜若明
标 准 书 号：	ISBN 978-7-301-03355-5/H·0351
出 版 发 行：	北京大学出版社
地　　　　址：	北京市海淀区成府路205号　100871
网　　　　址：	http://www.pup.cn
电　　　　话：	邮购部 62752015　发行部 62750672　编辑部 62752028　出版部 62754962
电 子 邮 箱：	zpup@pup.pku.edu.cn
印　　刷　　者：	北京大学印刷厂
经　　销　　者：	新华书店
	787毫米×1092毫米　16开本　8印张　165千字
	1997年7月第一版　2012年1月第11次印刷
定　　　　价：	25.00元

未经许可，不得以任何方式复制或抄袭本书之部分或全部内容。

版权所有，侵权必究　　举报电话：010－62752024
　　　　　　　　　　　　　电子邮箱：fd@pup.pku.edu.cn

出 版 说 明

　　北京大学对外汉语教学中心编写的这套短期汉语系列教材,分初级本、中级本、高级本三册,可供不同程度的外国汉语学习者使用。

　　本教材选材广泛,内容生动,反映中国现实社会的各个侧面和中国普通人的生活。

　　课文的编排本着循序渐进的原则,由易到难,初、中、高级本相互衔接。初级本适合掌握200词汇量的学生,中级本适合掌握800词汇量的学生,高级本适合掌握2000词汇量的学生。

　　本教材对各课出现的语言点都进行了准确易懂的讲解、说明,并有意识地在练习中安排了相应练习,以便于巩固提高。

　　本教材中、高级本每课均配有与课文内容有关的阅读课文。阅读课文可作为泛读材料,使学生加深对所学内容的了解。

　　本教材可用于课堂教学,每册约需60课时学完。也可供学生自学,为便于自学,每册书均配有录音磁带。

编 写 说 明

一、本教材为短期汉语教材,可供已学过《汉语水平词汇与汉字等级大纲》中甲级词的外国汉语学习者使用。

二、该教材在选材上力求题材广泛,生动活泼,以反映中国的现实社会和中国普通人的生活为主要选取内容,使学习者在学习汉语的同时,能加深对中国社会的了解。此外,教材的内容力求体裁多样,以使学习者尽量多地接触和学习各种语体风格的语言,力争在较短的时间里,使学习者实际运用汉语的能力有较大提高。

三、课文的编排本着循序渐进的原则,由易到难,课文的长度从400字左右逐渐过渡到1000字左右,以便与初、高级相衔接。

四、各课出现的语言点以词语例解的形式进行讲解、说明,并有意识地在练习中安排了相应的练习,以便于复习、巩固、提高。除了各种形式的练习以外,每课还安排了与课文内容有关的阅读课文,一来加强相关词的重现率,二来加深对所学内容的了解。

五、本教材既可作为短期汉语强化教材,也可作为自学教材使用。为了便于自学,在课后附了练习答案。

六、在本教材的编写过程中,林欢、方晔老师参与了前期的工作,刘晓雨老师参加了后期的编写工作,在此特致谢意。

编 者

一九九六年五月

目　　录

第一课 …………………………………………………………………… 1
　　课文:起名
　　词语例释:
　　　　1.可……　2.却　　　3.……感　4.什么呀　5.都
　　　　6.依我看　7.又……又　8.谁……谁　9.还是
　　阅读课文:中国人的姓名

第二课 …………………………………………………………………… 8
　　课文:中山装
　　词语例释:
　　　　1.一天比一天　2.一+V.　3.像……似的　4.挺……(的)　5.就是
　　　　6.终于　　　　7.A不A,B不B的　　　8.从……起　9.……惯了
　　阅读课文:旗袍

第三课 …………………………………………………………………… 14
　　课文:城市的交通
　　词语例释:
　　　　1.不是……就是　2.只要……就　3.虽说　4.还是
　　　　5.从……来说　　6.……得多　　7.甚至　8.只好　9.更加
　　阅读课文:我的自行车

第四课 …………………………………………………………………… 21
　　课文:北京烤鸭
　　词语例释:
　　　　1.进行　2.既……又　　3.起来　　4.不但
　　　　5.加上　6.……什么的　7.除了……以外
　　阅读课文:八大菜系

第五课 …………………………………………………………………… 27
　　课文:百姓购物面面观
　　词语例释:
　　　　1.一大早　2.一番　　　　3.时刻　4.反正　5.白……
　　　　6.既然　　7.什么(任指)　8.毕竟

1

阅读课文：中国人的"三大件"

第六课 ······································ 33
课文：说话
词语例释：
    1．于是   2．发硬   3．不好意思   4．一……也没(不)
    5．直看我 6．忍不住   7．看来   8．"被"字句
阅读课文：南腔北调北京话

第七课 ······································ 40
课文：春节
词语例释：
    1．一直   2．下来   3．量词重叠   4．动词重叠   5．几乎
    6．正好   7．反而
阅读课文：谈谈"压岁钱"

第八课 ······································ 46
课文：周末我们看电视
词语例释：
    1．自从……以来   2．一下子   3．则   4．难得
    5．……于(忙于)   6．V.个够   7．宁愿……也   8．干脆
阅读课文：什么是"休闲"

第九课 ······································ 52
课文：三十岁的恋爱
词语例释：
    1．对……来说   2．……就……吧   3．其实   4．把……看作
    5．临……   6．亲手
阅读课文：漫谈恋爱与婚姻

第十课 ······································ 59
课文：爱如茉莉
词语例释：
    1．莫名其妙 2．差点儿   3．当时   4．连……也
    5．一大把   6．不禁   7．……住
阅读课文：寄贺年卡的人

第十一课 ···································· 66
课文：沉默

词语例释：
  1."把"字句　2. 这么　　3. 所有　4. 有的是　5. 七……八……
  6. 不管……都
阅读课文：望子成龙

第十二课……………………………………………………………………………72
  课文：棋友
  词语例释：
    1. 看上去　2. 原来　3. 好在　4. 只是
    5. 好几　6. 显得
  阅读课文：一条路上

第十三课……………………………………………………………………………79
  课文：邻居
  词语例释：
    1. 先后　2. 每当……，就……　3. 人家　4. 以为　5. 算了
    6. 提心吊胆
  阅读课文：送礼

第十四课……………………………………………………………………………86
  课文：寻找地平线
  词语例释：
    1. 什么A不A的　2. 随便　3. 并　4. 不是……嘛
    5. 谁也不……　6. 痛痛快快(AABB)
  阅读课文：母亲不再寄鞋

第十五课……………………………………………………………………………92
  课文：仙鹤的故乡
  词语例释：
    1. 以　2. ……之一　3. 位于　4. 以……为……
    5. 不仅　6. 在……下　7. 名副其实
  阅读课文：大熊猫的乐园

总词汇表……………………………………………………………………………98
练习参考答案………………………………………………………………………114

第一课

课文 起名¹

老刘家的儿媳²生³了一个女孩儿,全家人都很高兴,在一起商量⁴给这个小宝贝⁵起一个称心如意⁶的好名儿。这可是件大事,不能马虎⁷。

老刘的老伴⁸是一位传统⁹的贤妻良母¹⁰,她最大的心愿¹¹就是希望孙女¹²能像她一样,做个传统的女孩子,长大了也是一个贤妻良母,所以,她给孙女起名叫"淑娴"。儿子却¹³不同意,他觉得这个名字传统味道¹⁴太浓¹⁵了,缺少¹⁶一点儿现代感。他建议¹⁷叫"刘永红",永远红红火火¹⁸。

"什么呀,一点儿也不好听",儿媳不太高兴了,"依我看¹⁹,叫胜男怎么样?青出于蓝而胜于蓝,将来比他爸爸、叔叔都强。"

"胜男?太厉害²⁰一点儿了吧?都不太像女孩子了。"小叔子²¹也在旁边表明²²了自己的看法。"依我说,叫刘榴最好,又时髦²³又好听,你们看怎么样?"

几个人都坚持²⁴自己的看法,谁也说服²⁵不了谁,最后一起看着老刘,看看这个当²⁶爷爷²⁷的有什么好主意²⁸。老刘想了一会儿说:"名字嘛,只是一个代号²⁹,叫什么问题都不太大。依我说,她是早晨生的,就叫刘晨吧,早晨是一天的开始,也有祝她将来前程³⁰远大的意思,你们看怎么样啊?"全家人听了,都高兴地说:"还是爷爷起的这个名字最好。"

1

生 词 语

1. 起名　　　　　　　qǐmíng　　　　　to give a name
2. 儿媳　　（名）　　érxí　　　　　　daughter-in-law
3. 生　　　（动）　　shēng　　　　　to give birth to
4. 商量　　（动）　　shāngliang　　　to discuss
5. 宝贝　　（名）　　bǎobèi　　　　baby
6. 称心如意　　　　　chènxīnrúyì　　find sth. satisfactory
7. 马虎　　（形）　　mǎhu　　　　　careless
8. 老伴　　（名）　　lǎobànr　　　　(of an old married couple) husband or wife
9. 传统　　（形）　　chuántǒng　　　traditional
10. 贤妻良母　　　　　xiánqīliángmǔ　virtuous wife
11. 心愿　　（名）　　xīnyuàn　　　　cherished desire
12. 孙女　　（名）　　sūnnǚ　　　　　granddaughter
13. 却　　　（副）　　què　　　　　　but
14. 味道　　（名）　　wèidao　　　　feeling
15. 浓　　　（形）　　nóng　　　　　(of smell) strong
16. 缺少　　（动）　　quēshǎo　　　　to lack; to have a shortage of
17. 建议　　（动）　　jiànyì　　　　to suggest
18. 红火　　（形）　　hónghuo　　　　prosperous
19. 依我看　　　　　　yīwǒkàn　　　　in my view
20. 厉害　　（形）　　lìhai　　　　　terrible; formidable
21. 小叔子　（名）　　xiǎoshūzi　　　husband's younger brother
22. 表明　　（动）　　biǎomíng　　　to make known
23. 时髦　　（形）　　shímáo　　　　fashionable
24. 坚持　　（动）　　jiānchí　　　　to insist
25. 说服　　（动）　　shuōfú　　　　to persuade
26. 当　　　（动）　　dāng　　　　　to be
27. 爷爷　　（名）　　yéye　　　　　grandfather
28. 主意　　（名）　　zhǔyi　　　　　idea
29. 代号　　（名）　　dàihào　　　　code name
30. 前程　　（名）　　qiánchéng　　　future

专 有 名 词

1. 老刘　　Lǎoliú　　　　　　A name of a man
2. 淑娴　　Shūxián　　　　　A name of a woman
3. 永红　　Yǒnghóng　　　　A name of a woman
4. 胜男　　Shèngnán　　　　A name of a woman
5. 刘榴　　Liúliú　　　　　　A name of a woman

文 化 注 释

青出于蓝而胜于蓝　qīng chū yú lán ér shèng yú lán

　　青,从蓝草中提炼出来,但颜色比蓝草更深。后用来比喻学生超过老师或后人胜过前人。

词 语 例 释

一、这可是一件大事,不能马虎。

　　"可",副词,在此重读,表示强调语气,多用于口语。

　　例:1. 南京夏天的天气~热了。
　　　　2. 他的孩子长得~漂亮了。
　　　　3. 我~没说过这样的话。
　　　　4. 你~回来了,都快把我急死了。

二、儿子却不同意……

　　"却",副词,表示转折,可以和"可是,但是,而"等连用,以加强语气。

　　例:1. 我刚回来,他~又走了。
　　　　2. 我爷爷虽然七十多了,身体~非常健康。
　　　　3. 我说这个名字很好听,姐姐~不同意。

三、缺少点儿现代感。

　　"名词、形容词+感",表示某种感觉或意识。

　　例:1. 一个人在国外,常常会有孤独感。
　　　　2. 这次的时装表演很有现代感。
　　　　3. 我对他没有好感。

四、什么呀,一点儿也不好听。

　　"什么呀",表示不同意、否定或反驳的语气。

　　例:1. A:小红,你看我穿这件衣服去参加晚会好吗?

B：～，难看死了，快换一件吧。

2．A：那个小孩真可爱，是你的孩子吗？

B：～，我还没结婚呢。

五、都不太像女孩子了。

"都"，副词，"已经"的意思，表示强调语气。

例：1．～十二点了，他怎么还没回来？

2．～快三月了，天气还这么冷。

3．哥哥～三十岁了，还没有女朋友，妈妈很着急。

4．他怎么还不来，我～等不及了。

5．～这么大了，还像个孩子似的。

六、依我看，叫胜男怎么样？

"依我看，依我说，照我看，照我说"，都是某人发表自己个人的看法时所用的习语。即：依照我的观点，依照我的看法(说法)。

例：1．依我说，秋天去香山最好，可以看红叶。

2．依我看，你穿这件红色的衣服比较好看。

3．照我说，咱们骑自行车去吧，又快又方便。

4．照我看，就买一个相册送给他作生日礼物吧。

七、又时髦又好听，……

表示几个动作、状态、情况等同时存在。

例：1．联欢会上，同学们～唱～跳，玩得高兴极了。

2．王老师的女儿～聪明～可爱。

3．他一边工作一边上学，所以，他～是老师～是学生。

八、谁也说服不了谁。

谁，任指。在此的两个"谁"分别表示不同的人，多用于否定句。

例：1．他们两个人以前谁也没见过谁。

2．他们水平一样，谁也赢不了谁。

3．屋里太黑了，大家谁也看不见谁。

九、还是爷爷起的这个名字最好。

"还是"，副词，表示经过比较、考虑，最终作出选择。用"还是"引出所选择的一项。

例：1．我挑了半天，～觉得景德镇的瓷器最好。

2．公共汽车人太多了，～坐出租汽车吧。

3．依我看，～下个星期去香山吧，那时红叶都红了。

练 习

一、朗读辨音：

bēnpǎo　　báopiàn　　bǔpǐn　　péibàn　　pángbiān　　pǎobù

dēngtǎ   diàntái   dǎotā   tèdiǎn   tiǎodòng   tàidù
gǎnkǎi   guānkàn   gōngkè   kèguān   kònggào   kǎigē

二、按拼音填空组词：

1. 儿 { zi（ ）/ xí（ ）}   2. 时 { máo（ ）/ jiān（ ）}   3. 说 { fú（ ）/ huà（ ）}

4. 红 { huo（ ）/ sè（ ）}   5. 意 { jiàn（ ）/ tóng（ ）意 }   6. 看 { fǎ（ ）/ jiàn（ ）}

三、选词填空：

商量、同意、觉得、建议、坚持、说服、希望、表明

1. 到北京已经一个多月了，你（   ）北京怎么样？
2. 我（   ）将来找一个称心如意的好工作。
3. 爸爸和妈妈（   ），打算买一台新的电视机。
4. 我的汉语进步很慢，他（   ）我用新的方法学习。
5. 山本一年四季，春、夏、秋、冬都（   ）跑步。
6. 妈妈（   ）我和同学们一起去旅行，我真高兴。
7. 他坚持自己的意见，（   ）他很困难。
8. 我不太愿意（   ）我对他的看法。

四、根据意思填上适当的词语：

1. （   ）：完全和自己的心意一样。
2. （   ）：贤惠的妻子，很好的母亲。
3. （   ）：学生超过老师，后人超过前人。
4. （   ）：形容衣服或其他事物很现代。

五、完成句子：

1. 他弟弟今年只有十岁，＿＿＿＿＿＿＿＿＿＿（却）
2. 甲：她是你的女朋友吗？
   乙＿＿＿＿＿＿＿＿＿＿。（什么呀）
3. ＿＿＿＿＿＿＿＿＿＿（都），可看起来一点儿也不老。
4. 甲：咱们什么时候去比较好？
   乙：＿＿＿＿＿＿＿＿＿＿。（依我说）
5. 那个地方风景＿＿＿＿＿＿＿＿＿＿。（又……又……）
6. 我吃过中国菜、法国菜、日本菜，＿＿＿＿＿＿＿＿＿＿（还是）
7. 你应该买一些厚衣服，＿＿＿＿＿＿＿＿＿＿。（可……）
8. 他们虽然早就听说过对方的名字，＿＿＿＿＿＿＿＿＿＿。（谁……谁）

六、模仿造句：

1. 这可是件大事，不能马虎。

2. 什么呀，一点儿也不好听。

3. "青出于蓝而胜于蓝"，将来比他爸爸、叔叔都强。

4. 依我说，叫刘榴最好。

5. 谁也说服不了谁。

七、根据课文内容回答问题：
　1. 老刘家发生了什么事？
　2. 大家在一起商量什么事？
　3. 老刘的老伴给孩子起的什么名？
　4. 儿子同意妈妈的意见吗？
　5. 儿媳起的什么名，为什么？
　6. 小叔子起的什么名？
　7. 大家认为谁起的名字最好？
　8. 最后大家给孩子起的什么名字？

八、思考讨论题：
　中国人的姓名和你们国家的姓名有何异同？

阅读课文

中国人的姓名

　　中国人的姓名，各个时代有不同的特点。从前，一个人除了一个正式的"名"以外，还有"字"、"别号"等。如：大名鼎鼎的诸葛亮，姓"诸葛"，名"亮"，字"孔明"，别号"卧龙先生"。这些名、字、号各有各的用处，不能混为一谈。但是，因为太麻烦，后来就改为一个名字了。现在，一般中国人只有一个名字。当然在家里还有小名或奶名。如："虎子"、"二妞"等。

　　中国人的名字一般由家族里的长辈来起，过去有的大家族按家谱取名，各辈按谱名长幼顺序排列，非常清楚。一般的老百姓起名则相对比较随便，但也都表达了父母对子女的希望，如男孩儿常用"龙、虎、强、健、伟、福、贵、财"等字。一来希望他们长大以后身强力壮，身体健康；二来也希望他们成龙成虎，大福大贵，前程远大。女孩儿则常用"芳、兰、梅、玉、珍、淑、惠"等字。一来希望女孩儿长大以后容貌美丽，如花似玉；二来希望她们贤惠、温柔，将来做个好家庭主妇。

现代的中国人起名多从典雅不俗着眼，讲究情调。但因为中国有十二亿人口，据说又有一半的人口使用十九个姓，张、王、李、赵四大姓有将近一亿人，再加上百分之九十的中国人通常在四百多个字里取名字，因而同名同姓现象日益增多。据说有一个班里叫"杨帆"的孩子就有三个，全校叫"王薇、王伟"的有十几个，在工作和生活中都造成很多不便。因此，政府有关部门和社会学家呼吁大家少用单名，多用复名。

回答问题：
1. 中国人的名字以前有几个？现在呢？
2. 中国人的名字一般由谁来起？过去大家族和老百姓起名有什么不同？
3. 中国的男孩子的名字一般用哪些字？为什么？
4. 中国的女孩子的名字一般用哪些字？为什么？
5. 为什么现代的中国人同名同姓的现象很多？
6. 同名同姓有什么不方便？试举例说明。

第二课

课文　中山装

　　天气一天比一天热了。脱下皮夹克[1],我在衣柜[2]里翻来覆去[3]地找了半天,忽然[4]找出来一件中山装。马上穿在身上,在镜子[5]里一照[6],嘿,笔挺[7]!爱人说,这套[8]衣服还是结婚那天穿的呢。

　　第二天,我身穿中山装去上班,路上遇见[9]了邻居[10]小王,见了我就问:"今天有什么重要活动吗?"走了不远,又看见了同事[11]老张,"嘿,怎么穿得像人大代表似的。"我听了,心里想:"穿中山装有什么不对吗?"

　　来到办公室,我向两位同事小姐请教[12],她们说:"衣料[13]挺不错,看着也挺精神[14]的,就是过时[15]了。""过时?一百多块钱一件,就结婚那天穿过一次。"我心里一百个不服气[16]。晚上回到家看电视时专门[17]看衣服:西服,夹克;夹克,西服……怪[18]了,就是没有中山装。

　　第二天上街,我有意[19]站在路口[20]观察[21],希望能从过往的人流[22]中发现几位"中山先生"。十分钟,没有;二十分钟,还没有。三十分钟都快过去了,我终于[23]发现一位:头发花白,骑着一辆三轮车[24],身上那件中山装蓝不蓝灰不灰[25]的,大概已经穿了很长时间了。

　　晚上我和朋友、同事聊天[26]:过去中山装可是国服啊,现在怎么没人穿了呢?……最后,大家一起商量:从明天起都穿中山装上班,看看怎么样。

　　几天以后,同办公室的一位小姐说:"看惯了也挺顺眼[27]的,也许你们能带起一股[28]

服装新潮流[29]呢。"

(根据宝光同名文改写)

生 词 语

1. 皮夹克	（名）	píjiākè	leather jacket
2. 衣柜	（名）	yīguì	wardrobe
3. 翻来覆去		fānláifùqù	again and again
4. 忽然	（副）	hūrán	suddenly
5. 镜子	（名）	jìngzi	mirror
6. 照	（动）	zhào	to reflect
7. 笔挺	（形）	bǐtǐng	well-ironed
8. 套	（量）	tào	a suit
9. 遇见	（动）	yùjiàn	to come across
10. 邻居	（名）	línju	neighbour
11. 同事	（名）	tóngshì	colleague
12. 请教	（动）	qǐngjiào	to ask for advice
13. 衣料	（名）	yīliào	material for clothing
14. 精神	（形）	jīngshen	lively
15. 过时	（形）	guòshí	out of fashion
16. 服气	（形）	fúqì	be convinced
17. 专门	（形）	zhuānmén	special
18. 怪	（形）	guài	strange
19. 有意	（动）	yǒuyì	on purpose
20. 路口	（名）	lùkǒu	crossing
21. 观察	（动）	guānchá	to watch
22. 人流	（名）	rénliú	stream of people
23. 终于	（副）	zhōngyú	at last
24. 三轮车	（名）	sānlúnchē	pedicab
25. 灰	（形）	huī	grey
26. 聊天	（动）	liáotiānr	to chat
27. 顺眼	（形）	shùnyǎn	pleasing to the eye
28. 股	（量）	gǔ	a stream of
29. 潮流	（名）	cháoliú	tidal current

专有名词

1. 中山装　　zhōngshānzhuāng　　Chinese tunic suit
2. 人大代表　réndà dàibiǎo　　　deputy to the National People's Congress

词语例释

一、天气一天比一天热了。

"一天比一天"常用作状语,表示随时间而逐渐产生变化。

例:1. 现在我的汉语～进步了。
　　2. 人们的生活～好了。
　　3. 小王的女儿～长得漂亮了。

二、在镜子里一照。

"一+动词",表示经过短暂的动作后,发现了某种情况,或得出了某种结果。

例:1. 早上我打开窗户一看,外面下雪了。
　　2. 我拿起电话一听,是妈妈。
　　3. 老师一讲,我们马上就明白了。

三、怎么穿得像人大代表似的。

"像……似的"中间放名词、代词或动词,表示和某种事物或情况相似。

例:1. 房间的墙壁白得～雪～。
　　2. 他弟弟长得～他～,那么高、那么瘦。
　　3. 他坐在那儿低着头,～睡着了～。

四、衣料挺不错,看着也挺精神的。

"挺"是程度副词,直接修饰形容词和某些动词,表示程度深,后面常有"的"。

例:1. 那条河～深(的)。
　　2. 你买的那件衣服～好看(的)。
　　3. 虽然小李很年轻,可是他～有学问(的)。

五、衣料挺不错,就是过时了。

"就是",连词,用在后一分句的开头,有轻微的转折语气,用来引出一点不足之处。

例:1. 这间房子挺舒服,～小了点儿。
　　2. 今天天气不太冷,～风比较大。
　　3. 她长得很漂亮,～个子矮了一点儿。
　　4. 他的汉语说得很流利,～发音有点儿问题。

六、我终于发现一位。

"终于"是副词,用在谓语部分前面,表示经过较长过程最后出现的某种结果,较多用于希望达到的结果。

例：1．我等了他一个多小时，他～来了。

2．经过两个多星期，我的感冒～好了。

3．我喝了很多热茶，身上～暖和了一点儿。

七、那件中山装蓝不蓝，灰不灰的。

"A＋不＋A，B＋不＋B＋的"，表示有些像"A"又有些像"B"，可又都不是，所形容的状态或性质是介于二者之间，语气中常有否定意味。

例：1．他的头发很长，穿着一件红衣服，远远看去男不男，女不女的。

2．你的打扮中不中，洋不洋的，真是不好看。

3．这种颜色黄不黄，绿不绿的，真说不清楚是什么颜色。

八、从明天起都穿中山装上班。

"从……起"表示"从……开始"，中间可以是表示时间的词，也可以是表示空间的词。

例：1．～明年～，我们要逐渐改建教学楼。

2．～离开家的那天～，我就是一个完全独立的人了。

3．办手续的人～窗口～，一直排到屋子外面。

九、看惯了也挺顺眼的。

"动词/形容词＋惯了"表示某种行为因为时间长已经成了习惯。

例：1．这个地方我已经住～，不想再到别处去了。

2．我是忙～，所以干这么多事我并不觉得累。

3．这里很少有人来，已经安静～。

练 习

一、朗读辨音：

zēngzhǎng	zázhì	zǔzhī	zhìzào	zhízé	zhèngzài
cāochǎng	cānchē	cǐchù	chǐcùn	chǎocài	chūcì
suànshù	sǔnshī	sìshí	shísì	shēnsī	shēngsǐ

二、形似字拼音并组词：

1. 活＿＿＿（　　）　　2. 请＿＿＿（　　）　　3. 观＿＿＿（　　）　　4. 外＿＿＿（　　）
   话＿＿＿（　　）　　　　清＿＿＿（　　）　　　　现＿＿＿（　　）　　　　处＿＿＿（　　）

三、根据意思填上适当的词语：

1．（　　　　）住在旁边或同一条街上的人。

2．（　　　　）一起工作的人。

3．（　　　　）请别人帮助自己解答不明白的问题。

4．（　　　　）旧的、不适合现代的。

5．（　　　　）有目的的，故意的。

6.(　　　　)表示找了很多遍。

四、用所给的词语完成句子：

1. 我的中国话说得_____。(一天比一天)
2. 他长得又高又大，_____。(像……似的)
3. 我学习的那个大学_____。(挺……的)
4. 我对这里的生活大都习惯了，_____。(就是)
5. 那个地方的房子不错，环境也很好。_____。(就是)
6. 我查了很多本字典，_____。(终于)
7. 第一次看到这幅画，我觉得有点儿奇怪，_____。(V.惯了)

五、模仿造句：

1. 我在衣柜里翻来覆去地找了半天，忽然找出来一件中山装。

2. 有人在窗外叫我，我一看，是我的同学。

3. 这个苹果甜不甜，酸不酸的，真不好吃。

4. 从下个星期起，我们在103房间上课。

5. 这首歌听惯了也挺好听的。

6. 我心里一百个不服气。

六、根据课文回答问题：

1. "我"常常穿中山装上班吗？
2. "我"穿中山装上班时，邻居和同事说了什么？
3. 办公室的两位小姐对中山装的看法怎么样？
4. "我"第二天做了什么？为什么？
5. "我"在路口发现穿中山装的人了吗？他是什么样的人？
6. 晚上"我"和朋友聊天时谈了些什么？最后大家决定做什么？
7. "我"和几位朋友穿了中山装以后，大家有什么反应？

七、思考讨论题：

1. 说说你们国家现在比较流行什么样的服装？为什么？
2. 你们国家有没有民族或传统服装？试着向大家介绍一下儿。

阅读课文

旗　　袍

　　中国传统的民族服装是中国传统文化的重要组成部分之一,它体现了中华民族不同历史时期的不同审美观。其中最能体现这一特点的当属旗袍了。

　　旗袍,原来是清代满洲旗人妇女所穿的一种夏装,清朝末期逐渐传开,为占人口大多数的汉族妇女所接受。后来经过几百年的不断改进,逐渐演变为现在的样子。

　　旗袍有长短袖之分,现在比较流行的式样一般为直领、右开大襟、紧腰身,两侧开衩,身长至膝下;面料多选用平绒、真丝和绸缎。由于它的服装曲线简练而对称,穿在身上既显得高贵典雅,又体现了东方独有的风韵,同时还充分展示了女性迷人的风采,因此为众多中外妇女所喜爱。它是中国服装文化中的一朵奇花,虽经历了数百年的岁月,仍以其迷人的东方风韵、鲜明的民族风格,秀立于世界服装文化之林。来中国的外国朋友,除了要爬上长城做一回好汉以外,购置一件充满东方神秘韵味的旗袍,一定会对神奇的东方之行留下最美好的回忆。

回答问题：
1. 旗袍原来是汉族服装吗?
2. 现在的旗袍是原来的样子吗?
3. 现在的旗袍一般是什么式样? 常选用什么面料?
4. 旗袍有什么特点?
5. 你以前见过旗袍吗? 对它有什么印象?

第三课

课文　城市的交通[1]

　　普通[2]的中国老百姓[3]一般没有私人[4]汽车,人们上班、下班,上学、放学[5],出门[6]逛街,走亲访友[7]不是骑自行车就是坐公共汽车、坐地铁[8]。骑自行车的最大好处[9]是时间比较自由[10],不会受塞车[11]之苦[12]。上班、上学只要[13]算好时间一般就不会迟到,同时还可以锻炼身体。但是,一遇到天气不好的时候,比如刮风、下雨、下雪就比较麻烦了。虽说[14]可以穿雨衣[15],但路远一些的人还是常常会被淋[16]湿[17]。从这一点来说,坐公共汽车、坐地铁就好得多。所以,天气不好的时候,公共汽车和地铁就会比平时[18]挤得多,甚至[19]有人开玩笑说,都快被挤成相片了。身体差一点儿的人为了不迟到,只好[20]早一点儿出门了。

　　近几年来,出租汽车得到了迅速[21]的发展,特别是"小公共汽车"和"面的"的出现,给人们的出行提供[22]了很大的方便。但是,迅速增加的车辆[23]又使本来[24]已经很挤的交通变得更加[25]拥挤。塞车使出行的人们大受其苦,而车辆增加带来的环境[26]污染[27]又成为[28]城市发展中的新问题。

　　怎样才能真正解决城市的交通问题呢?有些专家[29]认为,除了多修[30]路以外,主要还应该发展公共交通。比如增加公共汽车的线路[31],增加公共汽车的数量[32],上、下班时增开一些车次[33]等等。也许几年以后,交通不再[34]会成为人们出行时要考虑[35]的主要问题了。

生 词 语

1.	交通	（名）	jiāotōng	traffic; communication
2.	普通	（形）	pǔtōng	ordinary; common
3.	老百姓	（名）	lǎobǎixìng	common people
4.	私人	（名）	sīrén	personal; private
5.	放学	（动）	fàngxué	classes are over
6.	出门		chūmén	go out; be away from home
7.	走亲访友		zǒuqīnfǎngyǒu	to visit relatives and friends
8.	地铁	（名）	dìtiě	underground railway; subway
9.	好处	（名）	hǎochù	good; advantage; benefits
10.	自由	（形）	zìyóu	free
11.	塞车		sāichē	traffic jam
12.	受苦	（动）	shòukǔ	to suffer; to have a rough time
13.	只要	（连）	zhǐyào	so long as
14.	虽说	（连）	suīshuō	though; although
15.	雨衣	（名）	yǔyī	raincoat
16.	淋	（动）	lín	to pour; to drench
17.	湿	（形）	shī	wet
18.	平时	（名）	píngshí	usually
19.	甚至	（连）	shènzhì	even
20.	只好	（副）	zhǐhǎo	have to
21.	迅速	（形）	xùnsù	rapid; swift
22.	提供	（动）	tígōng	to provide
23.	车辆	（名）	chēliàng	vehicle
24.	本来	（形）	běnlái	original
25.	更加	（副）	gèngjiā	more; even more
26.	环境	（名）	huánjìng	environment
27.	污染	（名）	wūrǎn	pollution
28.	成为	（动）	chéngwéi	to become
29.	专家	（名）	zhuānjiā	expert
30.	修	（动）	xiū	to build
31.	线路	（名）	xiànlù	line; route
32.	数量	（名）	shùliàng	quantity; amount
33.	车次	（名）	chēcì	(bus) number
34.	不再	（副）	búzài	never again

35. 考虑　　（动）　　kǎolǜ　　　　to think over

词语例释

一、不是骑自行车就是坐公共汽车。

"不是 A 就是 B"，A、B 为同类的词，也可以是小句，表示两项中一定有一项是真的。

例：1. 你～日本人～韩国人。

2. 那儿的天气很不好，～刮风～下雨。

3. ～你说错了，～我没听清楚。

二、只要算好时间一般就不会迟到。

"只要……就"，连接条件句的关联词，表示具备了某种条件，就可以产生后面的结果。"只要"用在主语前、后都可以。

例：1. ～你努力，～一定能学好汉语。

2. 字不一定漂亮，～清楚～行。

3. 你～吃了这药，再好好睡一觉，你的病～会好。

三、虽说可以穿雨衣，但路远一些的人还是常常会被淋湿。

"虽说"，和"虽然"意思相同，一般用于口语。后面常有表示转折的"但是"、"可是"等词和它相呼应。

例：1. ～我们是第一次见面，可是却像老朋友一样。

2. ～房间小一点儿，但是挺干净，挺舒服。

3. ～爷爷今年已经八十多了，可是耳不聋，眼不花。

四、路远一些的人还是常常会被淋湿。

"还是"，表示不因为前面情况或条件的改变而改变。常和"虽然"连用。

例：1. 我喝了好几瓶汽水，可～觉得渴。

2. 和去年一样，我们～在同一个班学习。

3. 虽然昨天睡得很晚，但他今天～七点就起床了。

五、从这一点来说，坐公共汽车就好得多。

"从……来说"，表示从某一方面看待和考虑问题。

例：1. ～学汉语～，到中国去是最好的。

2. ～孩子成长～，父母离异对孩子影响很大。

3. ～哪方面～，你这样做都不对。

六、坐公共汽车就好得多。

"形容词+得多"，表示程度高，多用于"比"字句。

例：1. 今年夏天比去年夏天热～。

2. 四川菜比北方菜辣～。

3. 塞车的时候,骑自行车比坐汽车快~。

七、甚至有人开玩笑说。

"甚至",副词,强调突出的事例。

例:1. 那个地方很穷,~连电灯也没有。

2. 他工作时很专心,~吃饭、睡觉也忘了。

3. 几年不见,她长这么大了,见面时~我都认不出她了。

八、为了不迟到,只好早一点儿出门。

"只好",表示没有更好的办法,不得不这样。

例:1. 我的自行车坏了,~走路去上课。

2. 今明两天的火车票都卖完了,我~买后天的。

3. 我的房门钥匙忘在房间里了,~等同屋回来。

九、使本来已经很挤的交通变得更加拥挤。

"更加",表示原来已有一定的程度,现在比原来的程度更高一层,常跟双音节词。

例:1. "国庆节"时,街道两旁摆满了鲜花,使城市变得~漂亮了。

2. 通过学习参观,我对中国~了解了。

3. 我的外语水平本来就不高,他一说快,我~听不懂了。

练 习

一、朗读辨音:

jīnzhāo   jīzhì   jiǎngzhāng   zhēngjié   zhíjié   zhēnjiǎ
qǐchéng   qìchē   chéngqiáng   chángqī   chūqī   qīngchūn
xiāngshí   xiūshì   xiěshēng   shuōxiào   shùnxù   shàngxué
sīxiǎng   sànxīn   sòngxíng   xiāngsì   xùnsù   xiànsuǒ

二、按拼音填空组词:

1. 上 { bān( ) xué( ) kè( ) } 2. { gōnggòngqì( )车 zìxíng( ) chūzūqì( ) } 3. 出 { xíng( ) xiàn( ) mén( ) }

4. { jiāo( ) pū( ) } 通   5. 自 { yóu( ) jǐ( ) }   6. { yù( ) chí( ) } 到

三、选词填空:

普通、一般、方便、锻炼、淋、增加、本来、考虑

1. 我住的地方离城里比较远,但是,交通很( )。

2. 今天出门时,我没有带伞,回来时衣服被雨( )湿了。

3. 这件衣服的样子非常( ),一点儿也不时髦。

4. 结婚是人生的一件大事,应该好好儿( )一下儿。

17

5.我（　　）学习世界历史,后来才学习汉语的。
6.在中国,骑自行车又方便又可以（　　）身体。
7.近些年,中国的人口（　　）了两亿。
8.我晚上（　　）都在家,你可以来找我。

四、根据意思填上适当的词语:
1.（　　）去看望亲戚或朋友。
2.（　　）因为车太多,不能前行。
3.（　　）公共汽车、地铁、出租汽车等的总称。
4.（　　）普通人。

五、完成句子:
1.我打了几次电话都没人接,我想他＿＿＿＿＿＿＿＿＿＿＿＿。(不是……就是……)
2.我们是好朋友,＿＿＿＿＿＿＿＿＿＿＿＿＿＿＿。(只要……就……)
3.虽说今天有点儿风,但＿＿＿＿＿＿＿＿＿＿＿＿＿。
4.从父母来说＿＿＿＿＿＿＿＿＿＿＿＿＿＿＿＿,从孩子来说＿＿＿＿＿＿＿＿＿＿＿＿＿＿＿。
5.虽然我累极了,但＿＿＿＿＿＿＿＿＿＿＿＿＿。(还是)
6.妈妈常常去早市买菜,＿＿＿＿＿＿＿＿＿＿＿＿＿。(……得多)
7.她病得很重,＿＿＿＿＿＿＿＿＿＿＿＿＿。(甚至)
8.今天又刮风又下雨,＿＿＿＿＿＿＿＿＿＿＿＿＿。(只好)
9.她本来就很漂亮,＿＿＿＿＿＿＿＿＿＿＿＿＿。(更加)
10.只要有时间,＿＿＿＿＿＿＿＿＿＿＿＿＿。

六、模仿造句:
1.人们出门不是骑自行车就是坐公共汽车、坐地铁。

2.骑自行车的最大好处是时间比较自由。

3.只要算好时间一般就不会迟到。

4.虽说可以穿雨衣,但路远一些的还是会被淋得湿湿的。

5.从这一点来说,坐公共汽车就好得多。

6.为了不迟到,只好早一点儿出门。

七、根据课文内容回答问题：
　　1. 普通的中国老百姓出门时一般用什么交通工具？
　　2. 骑自行车的好处是什么？
　　3. 骑自行车不好的地方是什么？
　　4. 天气不好的时候，公共汽车和地铁比平时怎么样？
　　5. 出租汽车的发展有什么好处？
　　6. 出租汽车发展太迅速有什么不好？
　　7. 解决交通问题的方法是什么？
　　8. 你觉得中国的交通怎么样？方便还是不方便？

八、思考讨论题：
　　1. 中国的交通情况有什么特点？和你们国家的交通一样吗？
　　2. 试比较两国交通情况的异同及各自存在的问题。

阅读课文

我的自行车

　　上个月，我在国外读书的侄子回国探亲，因为要常常出门看朋友，坐车不太方便，他就借了我的那辆旧自行车代步。但是，由于他的粗心大意，竟把自行车弄丢了。他回来告诉我这件事时，满不在乎地说："叔叔，旧的不去新的不来，明天我买一辆新的给你。"我听了，半天没有说话，只是摇了摇头。他哪里知道那辆车对我来说意味着什么。

　　我在很小的时候就学会骑自行车了，但因为当时家里生活比较困难，一直没钱为我买一辆。从小学、中学，直到上大学，我一直走路上学。虽说可以锻炼身体，但常常觉得路上花掉那么多时间太可惜了，如果有一辆自行车该多好。直到我参加工作以后，省吃俭用几个月，才终于完成了多年的心愿——买了一辆上海"永久"牌自行车。从此，这辆自行车就一直陪伴着我，风风雨雨几十年，成为我生活中不可缺少的一分子。它每天陪着我上班下班，有空儿的时候去郊外旅游，节假日的时候走亲访友，甚至连我谈恋爱、结婚也有它参加，当时新娘子还是用它接回来的呢。后来有了孩子，它又增加了一项接送孩子的任务。可以这么说，它是我大半辈子生活的见证，是我离不开的一个好朋友。这几年，虽说生活一天比一天好，家里又陆续买了好几辆自行车，它也一天比一天旧了，可我仍然舍不得丢掉它，就像一个多年的老朋友一样。你说，现在它突然丢了，在我的生活中消失了，我心里怎么能舒服呢？

　　大概又过了一个月，我突然接到一个电话，是市交通队打来的——我的自行车找到了！原来侄子那天着急赶时间，随便把自行车放在地铁旁边，被交通队的同志搬走了。我高兴极了，我的老朋友，看来我们的"缘分"还没有完哪！

回答问题:
　　1. "我"最近遇到了什么事?
　　2. 侄子对丢车怎么看?
　　3. 那辆自行车是"我"什么时候买的?
　　4. "我"和那辆自行车的感情怎么样? 试举例说明。
　　5. 现在生活越来越好, "我"对那辆自行车的看法改变了吗?
　　6. 后来, "我"接到一个什么样的电话?
　　7. "看来我们的'缘分'还没有完哪"这句话是什么意思?
　　8. 这篇小文章说明了什么? 你有没有像"我的自行车"那样的"老朋友"?

第四课

课文　北京烤鸭

北京烤鸭是一种传统的中国名菜,已经有三百多年的历史了。

烤鸭的制法主要有两种:挂炉和焖炉。现在在北京经营[1]最多的是挂炉[2]烤鸭,就是用果木为燃料[3],把鸭子挂在特制[4]的烤炉中进行烤制,这样烤出的鸭子既有鸭香又有果香,表皮酥脆[6],外焦[7]里嫩[8]。挂炉烤鸭店中最有名的是"全聚德"烤鸭店。

烤鸭的吃法也大有讲究[9]。厨师[10]把烤好的鸭子片[11]成带皮的肉片儿,放在盘子里,鸭骨头[12]留下做汤。吃的时候,先拿一张荷叶饼,然后用筷子[13]夹[14]起片好的鸭肉,在甜面酱里蘸[15]一蘸,放在荷叶饼上,再放上一些葱段[16],最后把荷叶饼卷[17]起来吃。这样吃的时候,不但有谷[18]香、鸭香,还有葱香、酱香,真是美味可口。吃完烤鸭,再喝几口用鸭骨头做的汤,就更使人身心舒畅[19]了。因为烤鸭的油很多,吃多了会感到腻[20],又加上吃了不少的大葱,所以吃完烤鸭后,一般还要再吃一点水果,比如梨[21]、桃[22]什么的,最理想[23]的是西瓜[24]。

吃烤鸭除了吃鸭肉、喝鸭汤以外,现在厨师们还能用鸭翅膀[25]、鸭掌[26]、鸭心等做出一百多种菜,形成[27]了北京烤鸭独有的名菜——全鸭席。

"不到长城非好汉,不吃烤鸭真遗憾[28]"。到北京来的中外游客[29],很多都想尝一尝北京烤鸭的美味,北京烤鸭的名气[30]越来越大,北京城里经营烤鸭的饭店也越来越多。现在你不用走很远,就可以很容易地吃到一顿[31]美味可口的北京烤鸭了。

生 词 语

1. 焖炉 （名） mènlú a kind of stove
2. 经营 （动） jīngyíng to run (a business); to manage
3. 燃料 （名） ránliào fuel
4. 特制 tèzhì specially mede (for specific purpose or by special process)
5. 既……又 jì…yòu both…and; as well as
6. 酥脆 （形） sūcuì crisp
7. 焦 （形） jiāo burnt
8. 嫩 （形） nèn tender
9. 讲究 （名） jiǎngjiū careful study
10. 厨师 （名） chúshī cook
11. 片 （动） piàn to slice
12. 骨头 （名） gǔtou bone
13. 筷子 （名） kuàizi chopsticks
14. 夹 （动） jiā to pick up
15. 蘸 （动） zhàn to dip in (ink, sauce, etc.)
16. 葱段 cōngduàn part of onion
17. 卷 （动） juǎn to roll
18. 谷 （名） gǔ grain
19. 舒畅 （形） shūchàng happy
20. 腻 （形） nì greasy; oily
21. 梨 （名） lí pear
22. 桃 （名） táo peach
23. 理想 （形） lǐxiǎng ideal
24. 西瓜 （名） xīguā watermelon
25. 翅膀 （名） chìbǎng wing
26. 鸭掌 （名） yāzhǎng duck's webs
27. 形成 （动） xíngchéng to form
28. 遗憾 （形） yíhàn regret
29. 游客 （名） yóukè tourist
30. 名气 （名） míngqì fame
31. 顿 （量） dùn (measure word of meal)

专 有 名 词

1. 全聚德　　Quánjùdé　　　　　　　a famous restaurent of Beijing roast duck
2. 荷叶饼　　héyèbǐng　　　　　　　doubled cake
3. 甜面酱　　tiánmiànjiàng　　　　　sweet paste

词 语 例 释

一、把鸭子挂在特制的烤炉中**进行**烤制

"进行"指从事某种活动,后面常跟双音节谓语动词,多用于持续性的和正式、严肃的行为。

例:1. 关于这个问题,大家正在～讨论。
　　2. 这个文件正在～修改。
　　3. 学校应该对学生～社会公德方面的教育。

二、这样烤出的鸭子**既**有鸭香,**又**有果香

"既……又"用来连接动词或形容词,表示同时具有两个方面的性质或情况,连接的动词或形容词的结构和音节数目常常相同。

例:1. 他打字～快～好。
　　2. 他的表演～生动～活泼。
　　3. 北京～是中国的政治中心～是中国的文化中心。

三、把荷叶饼卷**起来**吃

"起来"的常用法有四种:

1. 用在动词后,表示向上:

例:①站～!
　　②抬～头～。

2. 用在动作性较强的动词或表示变化的形容词后,表示动作或情况开始并且继续。

例:①听了他说的笑话,大家都笑～了。
　　②过了十月底,天气就慢慢冷～了。

3. 用在动词后,表示动作使事物由分散到集中。

例:①我帮你把这些书包～。
　　②看你把东西放得到处都是,快把它们收～。

4. 表示说话人着眼于事物的某一方面对事物进行估量或评价。

例:①这件衣服看～不错,可洗～就麻烦了。
　　②这个词学～不难,用～却常常出错。

四、不但有谷香、鸭香,还有葱香、酱香

"不但"是连词,用在表示递进的复句的上半句,下半句通常有连词"而且、并且"或副词"还、也"等呼应。

例:1.他～会说汉语,还会说英语和日语。

2.他～教我怎么骑自行车,并且还带我去买了一辆。

3.我～做完了作业,而且下一课的课文也预习完了。

五、又加上吃了不少的大葱

"加上"在此表示附加的意思。

例:1.医生对他进行了精心的治疗,～家里人的照顾,他的病很快就好了。

2.昨天晚上他睡得很晚,～喝了不少酒,所以今天早上起不来了。

3.他的专业成绩不错,～会外语、懂电脑,所以被这家大公司录用了。

六、比如梨、桃什么的

"……什么的"用在一个成分或几个并列的成分之后,表示"等等"的意思。

例:1.我平时挺喜欢运动,打篮球、跑步～都喜欢。

2.我的朋友不喜欢吃肉,像猪肉、鸡肉～他都不吃。

3.我们为晚会准备了不少东西,像点心、啤酒～多极了。

七、除了吃鸭肉、喝鸭汤以外……

"除了……以外"可以表示"所说的不计算在内",后面常有"都"。

例:1.～我～,别的人都去看电影了。

2.～喜欢跳舞的小王～,其他的人都没来参加舞会。

还可以表示"在……以外还有别的"。后面常有"还、也、又"。

例:1.～故宫～,我们还去了北海和景山公园。

2.你～吃药～,也要注意休息。

3.他们～喝了一瓶茅台酒～,又喝了三瓶啤酒,四瓶汽水。

4.我星期三最忙了,～去上课～,还要给学生辅导。

练 习

一、朗读辨音:

róngrén	róuruǎn	ruǎnruò	láilì	láolèi	liúlì
ránliào	rèliàng	rénlèi	láirì	lěngrè	lìrú
fǎnfù	fāngfǎ	fūfù	háohuá	hūhǎn	hòuhuǐ
fāhuī	fúhào	fùhuó	hánfēng	héfǎ	huīfù

二、形似字拼音并组词:

1. 传＿＿（　　）
   转＿＿（　　）

2. 历＿＿（　　）
   厉＿＿（　　）

3. 特＿＿（　　）
   持＿＿（　　）

4. 畅＿＿（　　）
   汤＿＿（　　）

三、用适当的动词填空：

厨师把____好的鸭子____成带皮的肉片儿，____在盘子里，鸭骨头____下做汤。吃的时候，先____一张荷叶饼，然后用筷子____起片好的鸭肉，在甜面酱里____一____，____在荷叶饼上，再____上一些葱段，最后把荷叶饼____起来吃。

四、完成句子：

1. 我真喜欢那个演员，他_____。（既……又）
2. 这个房间不错，_____。（不但……还）
3. 今天我事情很多，_____，所以我不能和你一起去商店了。（加上）
4. 我喜欢看电影，_____，我都喜欢看。（……什么的）
5. _____，我还想买点儿巧克力。（除了……以外）
6. _____，别的书店我都去过了。（除了……以外）
7. 每天早起锻炼身体，这话说起来_____做起来_____。
8. 我们都是同学，他学习不好，_____。（进行）

五、模仿造句：

1. 我们正在对汽车进行修理。

2. 春节的时候吃饺子是有讲究的。

3. 你听一听我的发音有什么问题。

4. 请你帮我把地图收起来。

5. 我最理想的工作是做医生。

六、根据课文回答问题：

1. 你知道的北京最有名的烤鸭店叫什么名字？
2. 烤鸭主要是怎么做的？有什么特点？
3. 请说一说烤鸭的吃法。
4. 吃完烤鸭后一般还要吃什么？为什么？
5. 什么叫"全鸭席"？
6. 北京烤鸭有什么发展？

七、思考讨论题：

请说出你的国家最有名的或传统的一种饭菜或食品，说说它是怎么做的，吃法有什么讲究。

阅读课文

八大菜系

中国历史悠久,幅员辽阔。由于气候、物产和风俗的差异,各地区人民的饮食习惯和口味特点也不尽相同。经过历代劳动人民的创新、改革与发展,逐渐形成了多种多样、具有地方风味和特色的菜肴和菜系。其中具有全国声望的主要有鲁(山东)、川(四川)、苏(江苏)、浙(浙江)、粤(广东)、湘(湖南)、闽(福建)、徽(安徽)等八个菜系,统称"八大菜系"。

山东菜以海味为主,做菜以味纯、清爽见长。四川菜素有"一菜一格,百菜百味"的美誉,以香重味浓的麻辣为其独有的特点。江苏菜的原料主要来自淡水产品,注重原汁原汤,浓淡可口,甜咸适中。浙江菜味道鲜脆嫩滑、香酥绵软、清爽不腻。广东菜也以海味为主,注重煎、炸、烧、烩等技法,着意于鲜嫩生脆,得到"吃在广州"的赞誉。湖南菜味重酸辣,各种菜大都用辣椒、葱、蒜为佐料。福建菜也以海味为主要原料,制作精巧,色调美观,长于炒、溜、煨,注重甜、酸、咸、香,尤以"糟"最具特色。安徽菜重油、重色、重火功,以烹制山珍海味而闻名。

除八大菜系以外,以皇家宫廷菜为代表的京菜、富有民族特色的清真菜、别具一格的素菜和各种地方色彩浓厚的民间菜也因风味独特而享有盛名,具有诱人的魅力。

回答问题:
1. "八大菜系"是由哪八个地区的地方菜发展来的?
2. 山东菜和四川菜的特点是什么?
3. 江浙一带的菜有什么特点?
4. 为什么说"吃在广州"?湖南菜喜欢以什么为佐料?
5. 福建和安徽菜各比较注重什么?
6. 除了"八大菜系"以外还有什么菜比较有名?
7. 你的国家有没有中国菜饭馆?主要是什么地方的菜?
8. 请简单描述一下儿你所知道的中国菜的特点。

第五课

课文　百姓购物面面观

俗话[1]说:"开门七件事:柴米油盐酱醋茶。"买好每天的吃喝日用可真是一件既复杂又有学问[2]的事儿。这不,一大早,妈妈就到早市去了,这是她每个周末必不可少[3]的活动。早市上的东西比较便宜,蔬菜[4]和水果也比较新鲜[5]。每次妈妈都能和小贩[6]经过一番[7]讨价还价[8],买一大堆物美价廉[9]的东西回来。咳,不当家不知柴米贵。又得让一家人吃好,又得时刻[10]注意家里的"生活预算[11]",这家庭主妇[12]不好当啊。妈妈退休[13]了,除了料理[14]家务以外,没事就到附近的商店小摊[15]去转转,为了买到又好又便宜的东西可费了不少心思[16]。可是我们家附近开的几个高档[17]的大型[18]商场和各种各样的精品[19]店,妈妈却很少光顾,说是去了也白[20]去,反正[21]里面的东西她不会买,也买不起,搞不好还要被人笑话[22]。

女儿可不管那一套,她常去逛[23]大型商场,当然是看的时候多,买的时候少。妈妈总是说女儿,既然[24]不买东西还花时间逛什么,商场里好东西那么多,看了又买不起心里有多难受。可是女儿说这逛商场也是生活一大乐趣[25]。是啊,现在好东西那么多,不买还不能看看嘛!知道一下儿现在的流行趋势[26]也是了解社会的一个方法,是不是?如果碰上季节性减价[27]什么的,花钱不多,也能买点儿"精品"呢。说到这儿,她们总是会想起从前的邻居小张两口子,他们可以说是近年来新潮流的领导者,吃的穿的用的玩儿的,什么新潮来什么。人家两口子都在大公司工作,小张还是个经理[28]呢,挣钱花钱自然不像我们这工薪阶层29一样"小气30",动不动31就"几日游",还参加什么"团"去国外旅行呢。这不,人家现在搬到一个什么"花园别墅32"去住了,不知道现在过的是什么样的生活了。

当然了,像小张这样的家庭毕竟33还是少数。怎么见得34呢?看看早市上和卖减价商品的店里永远拥挤的人群就明白了。

生 词 语

1. 俗话	（名）	súhuà		common saying
2. 学问	（名）	xuéwen		knowledge
3. 必不可少		bìbùkěshǎo		absolutely necessarily
4. 蔬菜	（名）	shūcài		vegetable
5. 新鲜	（形）	xīnxian		fresh
6. 小贩	（名）	xiǎofàn		pedlar
7. 番	（量）	fān		(for actions which take time or effort)
8. 讨价还价		tǎojiàhuánjià		to bargain over the price
9. 物美价廉		wùměijiàlián		perfect goods with low price
10. 时刻	（名）	shíkè		always
11. 预算	（名）	yùsuàn		budget
12. 家庭主妇		jiātíngzhǔfù		house wife
13. 退休	（动）	tuìxiū		to retire
14. 料理	（动）	liàolǐ		to arrange
15. 小摊	（名）	xiǎotān		stall
16. 心思	（名）	xīnsi		idea
17. 高档	（名）	gāodàng		of top grade quality
18. 大型	（形）	dàxíng		large-scale
19. 精品	（名）	jīngpǐn		perfect thing
20. 白	（副）	bái		in vain
21. 反正	（副）	fǎnzheng		anyway
22. 笑话	（动）	xiàohua		to laugh at
23. 逛	（动）	guàng		to stroll
24. 既然	（连）	jìrán		now that
25. 乐趣	（名）	lèqù		joy
26. 趋势	（名）	qūshì		trend
27. 减价		jiǎnjià		to reduce prices
28. 经理	（名）	jīnglǐ		manager
29. 工薪阶层		gōngxīnjiēcéng		salary man

30.	小气	（形）	xiǎoqi	petty
31.	动不动		dòngbudòng	easily; freauently
32.	别墅	（名）	biéshù	villa
33.	毕竟	（副）	bìjìng	after all
34.	见得		jiàndé	to seem; to appear

文化注释

"开门七件事:柴米油盐酱醋茶。"指一般老百姓日常生活当中最基本的必需品。

语词例释

一、一大早,妈妈就到早市去了。

"大"用在时间词的前边,表示强调语气。

例:1.～中午的,那么热,你怎么这时候出去跑步?

2.～晚上的你不睡觉,闹什么呀!

3.你的工作可真辛苦,～星期天也不休息呀?

二、每次妈妈都能和小贩经过一番讨价还价。

"一番"表示经过较长的时间或努力。

例:1.董事会经过～讨论,终于作出了决定。

2.思考～之后,他决定和她分手。

3.做这件事可不那么容易,得经过～努力才行。

三、又得让一家人吃好,又得时刻注意家里的"生活预算"

"时刻"用在动词之前,表示经常性。

例:1.作为市场部的职员,你得～注意产品在市场上的销售情况。

2.幼儿园的阿姨～关心孩子们的健康。

3.我们都是社会成员,做事要～想着大家。

四、反正里面的东西她买不起。

"反正"是副词,表示情况虽然不同而结果并无区别。

例:1.不管你说什么都可以,～我已经决定不去了。

2.～我现在没什么事,你说多长时间都没关系。

也可以表示坚决肯定的意思。

例:1.你不用事事都教他,～他已经不是小孩子了。

2.～我没做错什么,不怕大家说我。

五、去了也白去。

"白"是副词,表示没有效果。

例：1. 昨天我去老师家，他出去了，我～跑了一趟。
　　2. 我～说了半天，他什么也没听见。
　　3. 我复习的内容都没考，真是～准备了。

六、既然不买东西还花时间逛什么。
　　"既然"是连词，用在上半句话里，下半句里往往用副词"就、也、还"跟它呼应，表示先提出前提，而后加以推论。
　　例：1. ～你已经知道错了，就快点儿改正吧。
　　　　2. 你～一定要去，那还等什么，马上走吧。
　　　　3. 他～决定了，我也不能再说什么了。

七、吃的穿的用的玩儿的，什么新潮来什么
　　"什么"、"谁"、"哪儿"等疑问词有任指作用，表示任何事情或人。
　　例：1. 我是工薪阶层，没多少钱，只能什么便宜买什么。
　　　　2. 这次会议没有人员限制，谁想去谁去。
　　　　3. 咱们随便找个地方，哪儿好玩去哪儿吧。

八、像小张家这样的情况毕竟是少数。
　　"毕竟"是副词，表示追根究底所得的结论。
　　例：1. 不管他怎么不服老，可～是六十多岁的人了，体力就是不够。
　　　　2. 你～是在中国住了一年多，汉语说得比我好多了。
　　　　3. 虽然天气还是有点儿冷，可春天～来了。

练　　习

一、朗读辨音：

　　zhémó　　kèbó　　pògé　　jítǐ　　dìlǐ　　bǐjì
　　yùjù　　nǔxū　　qūyù　　tǐyù　　xiqǔ　　jìlù
　　shùmù　　gūdū　　sùdù　　yóuqī　　yǒuqù　　liánxì

二、形似字拼音并组词：

1. 俗＿＿（　　）
　 浴＿＿（　　）

2. 醋＿＿（　　）
　 错＿＿（　　）

3. 较＿＿（　　）
　 校＿＿（　　）

4. 堆＿＿（　　）
　 准＿＿（　　）

5. 预＿＿（　　）
　 项＿＿（　　）

三、根据意思写生词：

1.（　　）民间人们常用语。
2.（　　）一定要有，不能缺少。
3.（　　）商品质量好，价格便宜。
4.（　　）和卖东西的人讲价钱。
5.（　　）在花钱或其他方面不大方。

四、用所给的词语或结构完成句子：
　　1.你随便什么时候来我家都可以，_____。（反正）
　　2._____，他还是没来。（白）
　　3.甲：今天咱们吃什么？
　　　乙：_____。（什么……什么）
　　4.甲：对不起，这个周末我有事，不能参加你的生日晚会了。
　　　乙：_____。（既然……）
　　5.这儿的天气不好，_____。（动不动）
　　6.甲：现在穿一件衬衣已经有点儿冷了。
　　　乙：是啊，_____。（毕竟）

五、用加点的词语模仿造句：
　　1.大星期六还得加班，真受不了！

　　2.他们商量了一番，决定明天早上七点出发。

　　3.说话的时候时刻注意自己的发音。

　　4.我给你准备了好多东西，什么好吃你就吃什么吧。

　　5.他身体不太好，动不动就生病。

　　6.毕竟他在这儿住了这么多年了，对周围的一切都很熟悉。

六、根据课文回答问题：
　　1.妈妈周末必不可少的活动是什么？为什么？
　　2.做家庭主妇的难处是什么？
　　3.妈妈为什么不去高档商店？
　　4.女儿常在大型商场买东西吗？
　　5.妈妈对女儿常去大型商场有什么看法？
　　6.女儿对去大型商场有什么看法？
　　7.邻居小张家的经济情况怎么样？
　　8.为什么说像小张家这样的情况还是少数？

七、思考讨论题：
　　1.请你说说你们国家的商场都有什么样的？去不同商场的人有什么不同吗？
　　2.你喜欢不喜欢买减价商品，为什么？

阅读课文

中国人的"三大件"

从五、六十年代发展到今天,中国人民的生活水平有了明显提高,一个突出表现就是各个年代人们追求和拥有的"三大件"有所不同。

在五、六十年代,一般老百姓的生活消费主要集中在维持温饱上,柴米油盐占去了家庭开销的绝大部分,只有在婚嫁之时才添置一些必不可少的生活用品。当时流行的"三大件"为:"手表、自行车、缝纫机"。

七十年代中国实行改革开放以后,人们的生活有了明显改变,基本解决了温饱问题,初级耐用消费品开始进入普通家庭,当时年轻人结婚时所追求的"三大件"为"黑白电视机、录音机和单缸洗衣机"。

八十年代是中国经济飞速发展的时期,相应的人们向往的三大件也随之变为"彩电、冰箱、录像机"。八十年代末到九十年代初,在进行了三年国民经济的治理整顿后,中国出现了大面积的日用消费品过剩,家用电器相对饱和。直到1992年以后,中国的城市消费才又出现了一个新高潮,城市经济向高速度、高收入、高消费、高物价发展,各种高档家用电器的普及率大大提高。年轻人结婚必备的"三大件"也改为了:"电话、音响、摄像机"。

中国经济的发展日新月异,九十年代中后期的今天,人们的生活和消费水平又上了一个新台阶,以电话和电脑为代表的通讯联系系列、以出租车、咨询、保险等为代表的服务系列、以歌舞厅、旅游度假和参观各种展览为代表的文化消费系列已进入寻常百姓的生活。随着收入水平的提高和经济实力的增强,新的"三大件":"住房、私人轿车、联网电脑"已成为人们所追求的目标。

回答问题:
1. 五、六十年代人们生活中的"三大件"是什么?
2. 七十年代和八十年代的"三大件"有了什么变化?
3. 九十年代人们通常所说的"三大件"是什么?
4. 现在人们所追求的"三大件"是什么?
5. 通过人们生活中"三大件"的变化,说明了什么?
6. 你最向往的"三大件"是什么?

第六课

课文　说　话

　　我出门不大说话,因为我说不好普通话[1]。人一多,就只能静静地听。口舌[2]的功能[3]失去[4]了重要的一面[5],于是[6],烟就[7]吸得特别多,人也越来越瘦了。

　　我曾经[8]努力学过普通话。最早是我上大学的时候,以后是我谈恋爱[9]的时候,再就是有了点名气[10],常常被人邀请[11]出席[12]一些会议[13]的时候。但我一学说,舌头就发硬[14],自己听了都不好意思[15]。而且,我的普通话家乡[16]味儿很浓,一般人都听不大懂,常要一边说一边用笔写,这样一来,说话时思路[17]常被打断[18],也就没了兴致[19],所以终于没有学好。

　　普通话说不好,"有口难言",特别是在社交[20]场合[21],常常出笑话,让人很尴尬[22]。于是,我慢慢变得不愿见生人[23],不愿参加社交活动,人也越来越呆[24]了。我常常恨自己太笨[25],常常给自己鼓劲[26],但终于还是开不了口。

　　有一年,一个叫莫言的朋友要来我的家乡,让我去车站接他,那时,我还没见过他,就在一个牌子[27]上写了"莫言"两个字。在车站转了半天,我一句话也没说,别人直[28]看我,也一句话不说。直到下午,还不见朋友的影子[29]。我终于忍不住[30]问一个人××次列车[31]到了没有?那人先把我手中的牌子翻了过去,然后说:"现在我可以和你说话了,我不知道!"这时,我才想起牌子上的"莫言"二字。如果人们只用牌子,而不用说话该多好呀。

虽然我很少说话,也很少社交,但和每个人都相处[32]得很好。一位朋友告诉我,这是因为我总是认真地听别人说话,又很少发表意见。看来,普通话说得不好也有它的好处[33]啊。

(根据贾平凹同名散文改写)

生 词 语

1. 普通话	(名)	pǔtōnghuà		common speech(of Chinese language)
2. 口舌	(名)	kǒushé		mouth and tongue
3. 功能	(名)	gōngnéng		function
4. 失去	(动)	shīqù		to lose
5. 一面	(名)	yímiàn		one aspect
6. 于是	(连)	yúshì		thereupon; hence
7. 吸烟		xīyān		to smoke
8. 曾经	(副)	céngjīng		once; formerly
9. 谈恋爱		tánliàn'ài		to be in love
10. 名气	(名)	míngqì		reputation; be quite well-known
11. 邀请	(动)	yāoqǐng		to invite
12. 出席	(动)	chūxí		to attend; to be present
13. 会议	(名)	huìyì		meeting
14. 发硬		fāyìng		to be stiff
15. 不好意思	(形)	bùhǎoyìsi		feel embarrassed
16. 家乡	(名)	jiāxiāng		hometown
17. 思路	(名)	sīlù		train of thought
18. 打断	(动)	dǎduàn		to interrupt
19. 兴致	(名)	xìngzhì		mood
20. 社交	(名)	shèjiāo		social intercourse
21. 场合	(名)	chǎnghé		occasion
22. 尴尬	(形)	gāngà		awkward; embarrassed
23. 生人	(名)	shēngrén		stranger
24. 呆	(形)	dāi		dull-looking; slow-witted
25. 笨	(形)	bèn		dull
26. 鼓劲	(动)	gǔjìn		to pluck up
27. 牌子	(名)	páizi		a notice board
28. 直	(副)	zhí		continuously
29. 影子	(名)	yǐngzi		a glimps(of sb.)
30. 忍不住		rěnbúzhù		can not help

31. 列车	（名）	lièchē	train
32. 相处	（动）	xiāngchǔ	to get along with
33. 好处	（名）	hǎochù	advantage

文化注释

"莫言"是一个作家的名字，从字面上看，"莫"是"不要"，"言"是"说话"，"莫言"就是"不要说话"的意思。

词语例释

一、于是，烟就吸得特别多

"于是"，连词，表示后面的一件事紧接着前面的事，而后面的事常常是由前面的事引起的。

例：1. 我晚上去找他，他又不在，～，我给他留了一个条子。

2. 我们等了他很长时间他也没来，～我们就先走了。

3. 朋友们都说中国的丝绸很好，～我给妈妈买了一件丝绸衬衣。

二、我一学说，舌头就发硬。

"发"在此表示有某种感觉(多指不愉快的情况)。

例：1. 昨天我一夜没睡，今天上课时头～晕，眼皮～沉。

2. 他病刚好，走路时感到全身～软，没有力气。

3. 她两眼看着墙～呆，不知在想什么。

三、自己听了都不好意思。

"不好意思"一般有以下三种意思：

(一)表示"害羞"：

例：1. 她看到生人，有点儿～。

2. 他被大家夸得有些～。

(二)相当于"对不起、抱歉"：

例：1. 因为路上塞车我来晚了，实在～。

2. 今天我有事，不能参加你的生日晚会，真是～。

(三)碍于情面，不便做：

例：1. 他不太喜欢她，但又～告诉她。

2. 我真的不想去，可又～推辞。

四、我一句话也没说。

"一……也没(不)"，强调句式，用"一"表示最低程度，强调否定意义。

例：1. 我一个汉字也不认识。

2. 刚到中国时,我一个中国朋友也没有。
3. 新年期间,他们一天也没休息。
4. 他转了半天,一本要买的书也没买到。

五、别人直看我,也一句话不说。
　　"直"表示动作频繁地、不间断地进行或发生。
　　例:1. 他从家一直跑到学校,累得～喘。
　　　　2. 昨天我可能吃了不干净的东西,今天肚子～疼。
　　　　3. 看他跑在最后,我们～替他着急。

六、我终于忍不住问一个人。
　　"忍不住",表示控制不住而表现出来。
　　例:1. 那个小丑演员一开口,大家就～笑了。
　　　　2. 她心里难过极了,实在～,终于哭出了声。
　　　　3. 那个服务员态度很不好,我们～和她吵起来。

七、看来,普通话说得不好也有它的好处啊。
　　"看来",表示根据某种情况来作出后面的推断。
　　例:1. 已经这么晚了,他还没来,～他今天不会来了。
　　　　2. 昨天刚吃了药,今天病就好了,～这种药效果不错。
　　　　3. 这几天,他精神一直不太好,～他可能有心事。

八、常常被人邀请出席一些会议的时候。
　　"被"字句,表示被动,多含有不如意的意味,"被"后不能是单个动词。
　　例:1. 昨天小王～雨淋了,今天开始发高烧。
　　　　2. 我最喜欢的杯子～弟弟打破了。
　　　　3. 他～选为我们班的代表,去参加学校运动会。
　　　　4. 我的那本书～山本借走了。
　　　　5. 他的头发～风吹得很乱。

练　习

一、朗读辨音:

　　báicài　　zāihài　　běiměi　　pèibèi　　zāipéi　　hēibái
　　guāguǒ　　shuōhuà　　qiǎomiào　　piāoyáo　　yōujiǔ　　yōuxiù
　　yāoqiú　　yóupiào　　xièxie　　quèyuè　　jiéyuē　　xuéyè

二、写出下列多音字的拼音:

1. 长___大　　2. 觉___得　　3. 好___听　　4. 大___小　　5. 会___议
　 长___短　　　 睡觉___　　　 爱好___　　　 大___夫　　　 会___计

6. 银行___　　7. 方便___　　8. 数量___　　9. 为___了　　10. 差___不多
　 出行___　　　 便___宜　　　 量___身高　　 成为___　　　 出差___

三、用线将下面各组词连接起来：

锻炼　　　方便　　　商量　　　功能
出席　　　线路　　　表明　　　思路
提供　　　经济　　　失去　　　看法
增加　　　身体　　　打断　　　问题
发展　　　会议　　　解决　　　事情

四、根据意思填上适当的词语：
1.（　　）中国的全民族共同语。
2.（　　）从小学会的自己家乡的语言。
3.（　　）感到害羞。
4.（　　）人与人交际、往来的地方。
5.（　　）虽然有嘴却不能开口说话。

五、用所给的词或结构完成下列句子：
1.甲：_____。（曾经）
　乙：怪不得他认识很多地方呢。
2.看完电影，时间还早，_____。（于是）
3.甲：_____。（不好意思）
　乙：没关系，我也刚刚到。
4.甲：我们大家都叫他"书虫"。
　乙：是呀，_____。（一……就）
5.甲：你怎么感冒了？
　乙：昨天下午我去公园，看见很多人在冬泳，有老人，还有孩子，_____。（忍不住）
6.甲：我一到冬天就常常感冒。
　乙：_____。（看来……）
7.甲：听说李明昨天住院了。
　乙：_____。（被……）
8.甲：刘明，我叫了你几声怎么都没听见？
　乙：对不起，_____。（一边……一边）
9.甲：你的录音机声音太大了，_____。（一……也）
　乙：好，我关小一点儿。
10.甲：_____。（直……）
　乙：他可能认错人了。

六、模仿造句：

1. 我出门不大说话,因为我不会说普通话。

2. 最早是……,以后是……,再就是……。

3. 常要一边说一边写,这样一来,思路常被打断,……

4. 在车站转了半天,我一句话也没说。

5. 那人先把我手中的牌子翻了过去,然后说:"我不知道。"

6. 如果人们只用牌子,而不用说话该多好呀。

七、根据课文回答问题：

1. "我"为什么出门不大说话?
2. "我"越来越瘦的原因是什么?
3. 请简单谈一谈"我"学普通话的情况。
4. 不会说普通话有什么不方便?
5. "我"最后普通话学好了吗?
6. "莫言"是谁? 字面上"莫言"的意思是什么?
7. 那人为什么先把"我"手中的牌子翻过去,然后才说话?
8. 为什么"我"觉得普通话说不好也有好处?

八、思考讨论题：

1. 你们国家有没有方言和共同语的区别? 一般共同语以什么地方的语言为标准?
2. 请简单谈一谈你学习一种语言(比如:汉语)的经历和感受。

阅读课文

南腔北调北京话

普通话是中国人的共同语,它以北京语音为标准音,以北方方言为基础方言,以典范的现代白话文著作为语法规范。在中国的八大方言(吴、湘、赣、粤、闽南、闽北、客家、北方)中,虽说北京话只是北方方言中的一种,但由于北京是历朝古都,现在又是中华人民共和国的首都,是中国政治、经济、文化的中心,因此北京话一向具有独特的地位。甚至很多人认为,北京话就是普通话,这一点也正是很多北京人所骄傲的。在他们看来,京腔京味听起来永远是那么亲切、那么动听。

但似乎是在一夜之间，北京变了，北京话也变了。在北京的大街小巷、商店市场……到处都有外国人、外地人的身影，他们操着各自的乡音说话，北京话也在不知不觉当中掺进了各种各样的味道。

对北京话影响最大的当然是外来词。"电脑、信用卡、可口可乐、影碟机"已相当普遍，"卡拉OK、BP机、T恤"也已进入了人们的生活。不过，让老北京难以接受的是：好好的建筑楼群偏叫什么"花园"、"广场"，用了几十年的"饼干""水果糖"不说，非叫什么"曲奇""克力架""力波"，真是令人莫名其妙。但不满意归不满意，用得多了，人们也就慢慢习惯了。而且这种带广东味儿的外来词在北京好像越来越流行，有人称之为"粤语北上"。比如："炒鱿鱼(辞退员工)、打的(坐出租汽车)、买单(饭后结帐)"等等已经常常出现在北京人的口中。

除了外来的冲击以外，北京话自身也有了不小的改变，有人称之为"新京味儿"。比如流行在一些北京青年中的语言，什么"撮"呀，"侃"呀，"火"呀，"潮"呀，还有什么"搓火"、"底儿掉"、"没商量"、"过把瘾"啦，真让老北京着实适应了一阵。

有句话说得好，"不是我不明白，这世界变化快"，谁能说得准以后的北京话又会变成什么样子呢。

回答问题：
1. 什么是"普通话"？
2. 为什么很多人认为"北京话"就是"普通话"？
3. "北京话"近些年有什么变化？
4. 对"北京话"影响最大的外来因素是什么？举例说明。
5. "北京话"自身有什么改变？举例说明。
6. 今后"北京话"怎样变化人们能知道吗？

第七课

课文　春　节

春节是中国的传统节日中最重要的一个。说它重要，除了放假时间长，还因为它的习俗[1]多。比如：贴春联[2]、贴福字、除夕[3]放鞭炮[4]、三十儿晚上全家要团圆[5]、一起吃饺子等等。有些传统的习俗今天已经消失[6]了，有的一直流传[7]到现在，它的一些特别的讲究也随之保存[8]了下来。

首先[9]讲究[10]"新"，中国人过春节也叫过年，因为它是阴历[11]旧年的结束[12]、新年的开始。新年前，家家都要把房子打扫[13]干净。这可不是随随便便[14]地扫扫地，擦擦桌椅，而常常是全家一起动手，把一年不动的家具[15]都搬出来，把房间彻底[16]打扫一遍。这样一收拾[17]，房子就像新的一样。此外，买新衣服也是家庭主妇们春节大采购[18]的一个重要内容。

其次[19]讲究"吃"，以前是"初一饺子初二面"，饺子面条就是美味佳肴。现在，人们生活好了，几乎[20]家家过年都要买很多的食品，做很多菜，非常丰盛[21]。一般家庭夫妻两个平时都忙于工作，没有时间讲究吃喝，正好[22]借这个机会改善改善[23]。

第三讲究"拜年[24]"。平时，大家工作都很忙，没有时间走亲访友。春节放假时间比较长，亲朋好友正好可以在一起聚一聚，互相问候问候[25]，交流[26]一下儿信息[27]，联络[28]一下儿感情。不过，去亲戚[29]朋友家拜年，最好别忘了带一点儿礼物，特别是别忘了给孩子们压岁钱。朋友到家里来，也要拿出准备好的瓜果茶点，大家一边吃一边谈，非常开心[30]。

　　过一次春节，人们常常要花很多的时间和精力[31]来采购、做饭、打扫房间、走亲访友、招待亲友，休息的时间反而[32]比较少。所以，过年以后，人们见面常常说"很累"。但是，明年春节人们还是这么过。

生 词 语

1. 习俗	（名）	xísú	costom
2. 春联	（名）	chūnlián	Spring Festival couplet
3. 除夕	（名）	chúxī	New Year's Eve
4. 鞭炮	（名）	biānpào	firecracker
5. 团圆	（动）	tuányuán	to reunite
6. 消失	（动）	xiāoshī	to disappear
7. 流传	（动）	liúchuán	to spread; hand down
8. 保存	（动）	bǎocún	to preserve; to keep
9. 首先	（副）	shǒuxiān	first; first of all
10. 讲究	（动）	jiǎngjiū	to be particular about; to stress
11. 阴历	（名）	yīnlì	lunar calendar
12. 结束	（动）	jiéshù	to end; to finish
13. 打扫	（动）	dǎsǎo	to sweep; to clean
14. 随便	（形）	suíbiàn	casual
15. 家具	（名）	jiājù	furniture
16. 彻底	（形）	chèdǐ	thorough(ly)
17. 收拾	（动）	shōushi	to put in order; to tidy; to clear away
18. 采购	（动）	cǎigòu	to purchase
19. 其次	（副）	qícì	next; secondly
20. 几乎	（副）	jīhū	nearly; almost
21. 丰盛	（形）	fēngshèng	rich; sumptuous
22. 正好	（形）	zhènghǎo	just (in time)
23. 改善	（动）	gǎishàn	to improve
24. 拜年	（动）	bàinián	to pay a New Year call; to wish sb. a happy New Year
25. 问候	（动）	wènhòu	to extend greetings to
26. 交流	（动）	jiāoliú	to exchange
27. 信息	（名）	xìnxī	information; news
28. 联络	（动）	liánluò	to get in touch with
29. 亲戚	（名）	qīnqi	relative

30. 开心　　（形）　　kāixīn　　　　　feel happy; rejoice
31. 精力　　（名）　　jīnglì　　　　　 energy
32. 反而　　（副）　　fǎn'ér　　　　　on the contrary

词 语 例 释

一、有的一直流传到现在
　　"一直"，副词，表示不间断、不改变。
　　例：1.～往前走，路南就是。
　　　　2.雨～下了一天一夜才停。
　　　　3.我们从小到大～是好朋友。
　　　　4.大学毕业后，他～坚持学习外语。
二、它的一些特别的讲究也随之保存了下来
　　"……下来"，趋向补语"下来"的常用引申义有两种。
　1.表示通过某种动作使某结果或状态固定。
　　例：①请你把名字写～。
　　　　②我把看到的生词都抄～了。
　　　　③这儿的风景太美了，快把它照～。
　2.用在表示变化的形容词后边，表示一种渐弱的变化。
　　例：①天慢慢黑～了。
　　　　②他经过一个月的减肥训练，最后终于瘦～了。
三、新年前，家家都要把房子打扫干净。
　　"家家"，量词重叠，表示"每一"。
　　例：1.我的学生个个都很聪明。
　　　　2.这本杂志上的文章篇篇都很精彩。
　　　　3.我看这几件衣服件件都不错。
四、这可不是随随便便地扫扫地，擦擦桌椅……
　　动词重叠表示"短促、随便"的意思。单音节动词的重叠形式为"AA"，双音节动词的重叠形式为"ABAB"。
　　例：1.我不买什么，只想随便看看。
　　　　2.明天我们讲新课，大家回去准备准备。
　　　　3.星期天我常常看看电视，听听音乐，洗洗衣服，休息休息。
　　表示同样语气的还有以下形式："A一A、A一下儿、AB一下儿"等。
　　例：亲戚朋友正好可以聚一聚，……，交流一下儿信息，联络一下儿感情。
五、几乎家家过年都要买很多食品。

"几乎",副词,表示"差不多"。

例:1.她是有名的电影演员,~每个人都认识她。

2.他累极了,到终点时~摔倒。

3.中国有名的名胜古迹我~都去过了。

六、正好借这个机会改善一下儿。

"正好",在这里是副词,表示刚好、恰好。

例:1.我去买那本辞典,售货员说~刚卖完。

2.我刚要去找你,你~来了。

3.我打电话的时候,~他出去了。

七、休息的时间反而比较少。

"反而",副词,表示实际发生的事正好和自己预料应该发生的事相反。

例:1.下雨以后,天气没有凉快,~更热了。

2.我好心帮助他,他不但不高兴,~生气了。

3.她每天都开夜车准备考试,太累了,结果成绩不但没有提高,~比以前还差。

练 习

一、朗读辨音:

fánmáng　　dāngrán　　zhēnzhèng　　chéngrèn
xīnqíng　　jīngxīn　　kuāngguǎng　　zhuàngguān
xiànxiàng　　jiǎngyǎn　　shùncóng　　zhōngwén

二、写出下列多音字的拼音:

1. 正____月 / 正____好
2. 几____乎 / 几____个
3. 丰盛____ / 盛____饭
4. 着____急 / 拿着____
5. 得____到 / 得____走了
6. 传____统 / 自传____
7. 照相____ / 互相____
8. 重要____ / 要____求
9. 放假____ / 真假____
10. 还____要 / 还____书

三、用适当的词填空:

1.贴____ 2.放____ 3.过____ 4.扫____ 5.擦____ 6.搬____
7.买__做__ 8.走__访__ 9.拜____ 10.招待____ 11.收拾____
12.春节放假时间比较长,____朋____友正好可以在一起聚一____,互相
_____,_____一下儿信息,_____一下儿感情。

四、根据意思填上适当的词语:

1.(　　　　)一个国家或地方人们的习惯和风俗。

2.(　　　　)中国阴历新年的第一天。

3.(　　　　)去亲戚朋友家看望自己的亲戚和朋友。

4.(　　　　)味道鲜美、非常好吃的食品或饭菜。

5.(　　　　)泛指招待客人的水果食品。

43

五:用指定的词完成句子:
  1.我大学毕业离开北京以后,＿＿＿＿＿＿＿＿＿＿＿＿＿＿＿＿＿。(一直)
  2.我们班的学生＿＿＿＿＿＿＿＿＿＿＿＿＿＿＿＿＿。(个个)
  3.你说得太快了,＿＿＿＿＿＿＿＿＿＿＿＿＿＿＿＿＿。(……下来)
  4.山本汉语说得非常好,＿＿＿＿＿＿＿＿＿＿＿＿＿＿＿＿＿。(几乎)
  5.打孩子不但不能让孩子变好,＿＿＿＿＿＿＿＿＿＿＿＿＿＿＿＿＿。(反而)
  6.甲:你的眼睛怎么青了?
    乙:昨天,我去操场,＿＿＿＿＿＿＿＿＿＿＿＿＿＿＿＿＿。(正好)
  7.甲:马莉,这个周末准备去哪儿玩儿?
    乙:＿＿＿＿＿＿＿＿＿＿＿＿＿＿＿＿＿。(动词重叠)
  8.甲:阿姨,您怎么不认识我了? 我是李红呀。
    乙:＿＿＿＿＿＿＿＿＿＿＿＿＿＿＿＿＿。(几乎)
  9.我吃了这种药以后,身体＿＿＿＿＿＿＿＿＿＿＿＿＿＿＿＿＿。(反而)
  10.我病了三天,妈妈＿＿＿＿＿＿＿＿＿＿＿＿＿＿＿＿＿。(一直)

六、模仿造句:
  1.说它重要,除了放假时间长,还因为它的习俗多。

  2.首先讲究吃……,其次讲究新……,第三个讲究就是……

  3.这可不是随随便便地扫扫地,擦擦桌椅,而往往是全家一起动手……

  4.去亲戚朋友家拜年,最好别忘了带一点儿礼物。

七、根据课文回答问题:
  1.中国最重要的节日是什么?
  2.一般春节常见的习俗有哪些?
  3.人们过春节主要有哪些讲究?
  4.过春节为什么也叫过年?
  5.春节前,家家都要做什么?
  6.过年时,家家都要买很多东西吗?
  7.去亲戚朋友家拜年要注意什么?
  8.为什么过年以后人们见面常常说"很累"?

八、写作练习:
  《我最喜欢的节日》,400字左右。

九、思考并讨论:
  请介绍一个你们国家最重要的节日以及有关习俗。

阅读课文

谈谈"压岁钱"

过年的时候,亲戚朋友要互相串门儿拜年,孩子们也要给长辈们拜年。作为长辈,在孩子给自己拜年后,应该表示一下儿长辈的心意,于是,就有了压岁钱。

孩子们一般来说都喜欢过年,除了能穿新衣服、吃好吃的以外,还有一个重要原因就是能得到好多压岁钱。现在的孩子一般都是独生子女,父母疼爱以外,还有爷爷奶奶、姥姥姥爷的宠爱。如果父母的兄弟姐妹比较多,那长辈就更多,随之压岁钱也就更多。这几年人们生活水平提高了,给孩子们的压岁钱也随之水涨船高,从过去的十块、二十块一下儿涨到了五十块,甚至一百块。有的孩子光压岁钱就可以收到几千块。

对家长来说,如果自己的孩子得到很多压岁钱,这未必是一件好事,因为这可能意味着他们也要付出同样多甚至数目更大的一笔钱。亲戚朋友的孩子一个也不能落下,而且压岁钱的数目也不能太少,否则会被人看不起。所以,长辈们一到春节就常常会为压岁钱而烦恼。

另外一个让家长们担心的是孩子们觉得钱来得太容易了,不用付出任何劳动,只要嘴甜一些,头多磕一些就可以得到很多钱,这助长了孩子们好逸恶劳、投机取巧的不良习惯。

随着压岁钱带来的问题越来越明显,越来越突出,一些有识之士开始提倡给孩子们新形式的压岁钱。比如,送孩子一套好书,给孩子购买一台学习机;富裕一点儿的家庭甚至可以给孩子添置一台电脑,用来开发孩子的智力,激发他们的求知欲,这样的"压岁礼"是不是比"压岁钱"更有意义呢?

回答问题:
1. 什么是压岁钱?
2. 孩子们喜欢不喜欢过年,为什么?
3. 现在的压岁钱和以前相比有什么不同?
4. 作为长辈,孩子得到压岁钱是不是一件好事?
5. 让家长担心的是什么事?
6. 新形式的压岁礼和以前的压岁钱有什么不同?
7. 你们国家有压岁钱吗?简单谈一谈。
8. 你对中国的压岁钱怎么看?你认为给孩子钱好不好?

第八课

课文　周末我们看电视

自从开始实行[1]双休日以来,属于[2]人们自己自由支配[3]的时间一下子多了起来。在周末,人们有的走亲访友,有的去郊外[4]旅游[5];有的看书休息,有的则[6]朋友同事聚在一起跳跳舞、唱唱卡拉OK……。在我们家呢,平日一家三口各忙各的,难得[7]有时间全家人坐在一起,所以周末看电视就成了我们家最主要的娱乐[8]活动。

一到周末的晚上,全家人就都停下了学习、工作和家务[9],坐到电视机前,高高兴兴地一起看电视。

最高兴的是上小学六年级的女儿,她一改平日忙碌[10]的样子,十几斤重的书包扔[11]在一边,端端正正[12]地坐在电视机前,手拿遥控器[13],眼盯[14]屏幕[15],非常聚精会神[16]。这也难怪[17],她一周只有一次看电视的机会,平日每天都忙于功课[18],做考中学的复习准备,甚至连星期日也常常被老师占用[19]来进行复习、补课……,难得轻松[20]一天,当然应该好好儿看个够了。

我呢,平日最喜欢看体育[21]比赛,特别是体育直播[22]。比如欧洲足球锦标赛[23]啦,美国NBA篮球比赛啦,特别是有中国队的国际足球比赛时,那我宁愿[24]不睡觉也会半夜爬起来观看。为此,平日没少和妻子发生争执[25],因为她最喜欢的正是我最怕看的那又长又折磨[26]人的电视连续剧[27]。差不多都是一样的故事,总是好人被坏人欺负[28],看着都可气。可是妻子却看得津津有味[29],而且一看就上瘾[30],一次也不愿落[31]。还常常随着剧情³²的发展变化喜喜乐乐、悲悲哀哀³³,真可说是"替古人担忧³⁴"。没办法,除了现场³⁵直播以外,大部分时间我只好看看书,写写文章或干脆³⁶早点儿睡觉。到了周末,沾女儿的光³⁷,我可以痛痛快快地看《动物乐园》、《世界体育报道》等轻松愉快的节目了。

妻子虽然在这天晚上失去了掌握³⁸遥控器的权力³⁹和看电视的最好的座位,还有那让她放不下⁴⁰的连续剧,但她看到女儿看得那么开心,丈夫看得那么高兴,她心里也是甜甜的。

生 词 语

1. 实行	(动)	shíxíng		to institute
2. 属于	(动)	shǔyú		to belong to
3. 支配	(动)	zhīpèi		to budget
4. 郊外	(名)	jiāowài		outskirts; suburbs
5. 旅游	(动)	lǚyóu		to tour
6. 则	(连)	zé		(indicating concession or contrast)
7. 难得	(副)	nándé		seldom; rarely
8. 娱乐	(名)	yúlè		entertainment
9. 家务	(名)	jiāwù		housework
10. 忙碌	(形)	mánglù		busy
11. 扔	(动)	rēng		to throw
12. 端正	(形)	duānzhèng		upright
13. 遥控器	(名)	yáokòngqì		remote controler
14. 盯	(动)	dīng		to glare; to watch
15. 屏幕	(名)	píngmù		(TV)screen
16. 聚精会神		jùjīnghuìshén		to concentrate one's attention
17. 难怪		nánguài		no wonder
18. 功课	(名)	gōngkè		homework; schoolwork
19. 占用	(动)	zhànyòng		to take up
20. 轻松	(形)	qīngsōng		relaxed
21. 体育	(名)	tǐyù		sports
22. 直播	(动)	zhíbō		to LIVE
23. 锦标赛	(名)	jǐnbiāosài		championship contest
24. 宁愿	(副)	nìngyuàn		would rather
25. 争执	(动)	zhēngzhí		to stick to one's position
26. 折磨	(动)	zhémó		to cause physical or mental suffering
27. 连续剧	(名)	liánxùjù		serial

28. 欺负	（动）	qīfu	to bully
29. 津津有味		jīnjīnyǒuwèi	with great interest
30. 上瘾		shàngyǐn	to get into the habit
31. 落	（动）	là	to loss
32. 剧情	（名）	jùqíng	the story of a play
33. 悲哀	（形）	bēi'āi	sad
34. 担忧	（动）	dānyōu	to worry
35. 现场	（名）	xiànchǎng	site; spot
36. 干脆	（副）	gāncuì	simply
37. 沾光		zhānguāng	benefit from association with sb. or sth.
38. 掌握	（动）	zhǎngwò	to hold
39. 权力	（名）	quánlì	right
40. 放不下		fàngbúxià	cannot put aside

词语例释

一、自从开始实行双休日以来。

"自从……以来"相当于"从……开始到现在"。

例：1. ～考上大学离开家乡～，我只回去过一次。

2. ～开始参加太极拳学习班～，他的身体一天比一天好。

3. ～家里买了电脑～，他就不愿意用笔写文章了。

二、属于人们自己自由支配的时间一下子多了起来。

"一下子"表示事情发生、完成得快。

例：1. 刚才还阳光普照，～天就阴下来了。

2. 我们虽然六年没见面了，可在飞机场我～就认出了她。

3. 我问她昨天晚上和谁一起去看电影了，她的脸～就红了。

三、有的则朋友同事聚在一起跳跳舞、唱唱卡拉OK……

"则"，副词，表示上下文所列举的两种或两种以上事件、事物之间的承接关系，略有对比、转折的语气。

例：1. 星期天，同学们有的看书，有的洗衣服，还有的～去逛街、看朋友。

2. 我最喜欢下围棋，小王～最喜欢下象棋。

3. 学习好的同学准备考大学，将来出国留学深造。学习不好的同学～只想快点儿找一个工作。

四、难得有时间全家人坐到一起。

"难得"，表示很不容易、很少见到或出现。

例：1. 这颗彗星飞过地球的景观，一千年才能见到一次，非常～。

2. 我们老同学～聚在一起,今天一定要玩得尽兴。
3. 现在的社会中～见到像他这样的热心人了。

五、平日每天都忙于功课。
"形(动)＋于……","于"有"在"的意思,表示时间、地点、原因等等。
例:1. 我这本书写～一九五一年。
2. 李明一九六八年生～上海。
3. 小王最近一直忙～工作,没有时间回家。
4. 他的朋友死～一起交通事故。

六、当然应该好好儿看个够了。
"动＋个＋够",表示对某种需要或需求加以满足。动词后可以加"了"。
例:1. 等我考完试,我一定好好儿睡～。
2. 我最喜欢吃香蕉了,这次去南方我真吃了～。
3. 妈妈拉着他的手,上上下下、左左右右把他看了～。

七、我宁愿不睡觉也要爬起来观看。
"宁愿……也",表示从两种事情中选取在说话人看来是较好的一件。这件事总是假设的,往往含有夸张的意味。
例:1. 我～不休息,～要把工作做完。
2. 妈妈～不睡觉,～要一直守在自己生病的孩子身旁。
3. 他～自己多干点儿,～不愿父母太辛劳。

八、……或干脆早点儿睡觉。
"干脆",表示直截了当,爽快。
例:1. 既然你对这个专业没兴趣,那～换一个吧。
2. 这台电视修了几次都没修好,～扔了再买一台新的吧。
3. 还剩一点儿就做完了,～我们做完再回家,你看怎么样?

练 习

一、朗读辨音:

fánmèn　　chènshān　　chángchéng　　shēngzhǎng
yǎnyuán　　quántiān　　jūnmín　　　　yīnxùn
yínháng　　dòngrén　　yuánliàng　　　gǎndòng

二、给下列多音字注音标调:

1. 时间____ 间接____　2. 难得____ 灾难____　3. 体重____ 重复____　4. 发生____ 理发____　5. 落后____ 落下____
6. 快乐____ 音乐____　7. 干脆____ 干吗____　8. 教师____ 教汉语____　9. 胸背____ 背着____　10. 看电视____ 看护____

三、用适当的词填空:

她一改平日_____的样子,十几公斤的书包____在一边,_____地坐在电视机前,手____遥控器,眼____屏幕,非常_____。

　　我呢,____最喜欢看体育比赛,_____是体育直播。_____欧洲足球锦标赛啦,美国NBA篮球比赛啦,特别是有中国足球队的国际比赛,那我_____不睡觉_____会半夜爬起来观看。

四、根据意思填上适当的词语:
　　1.(　　　　)注意力非常集中。
　　2.(　　　　)形容感兴趣、有趣味。
　　3.(　　　　)爱好某种事物而变成了一种癖(pǐ)好。
　　4.(　　　　)快乐、有趣、可以使人休息放松的活动。
　　5.(　　　　)凭借别人或某种事物而得到好处。
　　6.(　　　　)一直担心,挂念。

五、用所给的词或结构完成句子:
　　1._____,我一直没见过他,连他的消息也很少听到。(自从……以来)
　　2.昨天刮了一夜的大风,_____。(一下子)
　　3.上课的时候有的同学认真听讲,有的_____。(则)
　　4.终于放假了_____。(……个够)
　　5.他是公司经理,平时非常忙,_____。(难得……)
　　6.这么晚了他还没来,_____。(干脆)
　　7.出门开车要小心一点,_____。(宁愿……也)
　　8.来中国以后,_____,没时间给朋友写信。(……于)

六、根据课文回答问题:
　　1.实行双休日以后,人们周末一般干什么?
　　2."我"家周末主要的娱乐活动是什么?
　　3.为什么女儿看电视很高兴,她平日忙吗?
　　4."我"最喜欢看什么节目?
　　5.妻子最喜欢看什么节目?
　　6.妻子周末不能看连续剧是不是不高兴?

七、语段表达练习:
　　请回答下面的问题,然后将回答的句子连接起来,组成一段短文。
　　1.你们国家的人一般怎样过周末?
　　2.你一般周末的时候干什么?有没有什么娱乐活动?
　　3.你最喜欢的娱乐活动是什么?谈谈喜欢它的理由。
　　4.你的家人朋友的爱好和你一样吗?有没有发生过争执?
　　5.你喜欢看电视吗?最喜欢看什么节目?最不喜欢看什么节目?
　　6.你认为怎样过周末最好?

阅读课文

什么是"休闲"？

"周末究竟应该怎么过？什么是真正意义上的休闲？"自从实行双休日以来一直是人们关心和讨论的话题。对许多人来说，周末除了做家务就是逛商场，多睡会儿懒觉、多看会儿电视、到好久不见的亲朋好友家串串门、做做客，如此而已。其实，休闲作为一种社会风尚，在中国由来已久。在忙碌紧张的工作之余，采取怎样的休闲方式通常能反映出人们的精神向往和追求。

中国古代文人多崇尚"静"和"独"，闲暇的时候有的或到江河湖海上泛舟、或在青山绿水间漫游，听风赏月、观花品雪，体会"天人合一"的意境。有的则闭门家中自养花草，从中寻求无穷的乐趣。即使朋友相约，也是三五人足矣，清茶一杯、淡酒一壶，抚琴弈棋、谈诗论画，真正体现了"休"和"闲"的含义。至于"市井小民"则没有这份雅兴，在辛苦劳作之后，只图痛快热闹，玩牌、喝酒、猜拳行令大大风行。到了年节更是朋友相聚，吃喝为先，酒足饭饱之后携亲带友去观看各种各样的表演盛会。如今，这两种休闲方式对人们的影响仍然很大，或"静、独"；或"热闹、痛快"。

改革开放以后，随着国门的打开，人们的眼界也随之开阔，传统的休闲观受到了不小的冲击。现在人们不但休闲的规模日益扩大，而且花样也不断翻新。舞厅、歌厅、卡拉OK、游戏厅随处可见，保龄球室、健身房和其他运动场所也越来越多，各种形式的表演和展览给人们提供了更多休闲娱乐的好去处。登山、滑雪、冲浪、跳伞等活动，不但能增强人的体魄，而且能锻炼人的意志胆量，在与大自然的对话中，真正达到身心的放松。

回答问题：
1. 对许多人来说，周末一般怎么过？
2. 中国古代文人休闲的特点是什么？
3. 中国古代文人"静"和"独"的表现是什么，举例说明。
4. 与文人相对的"市井小民"休闲的特点是什么？
5. 现代中国人的"休闲"方式有哪些改变？
6. 你最喜欢的休闲方式是什么？

第九课

课文　三十岁的恋爱

　　她三十岁了,还是一个人,这对一个姑娘来说,确实[1]是有点儿晚了。父母、亲戚朋友为她着急,她也觉得自己该有个家了。
　　以前,她把事业[2]看得太重,几乎把全部精力都投入[3]到了她那家服装公司[4]上。不知不觉[5]几年过去了,她已记不清为多少人设计[6]过结婚礼服[7],可是,什么时候她才能穿上为自己设计的结婚礼服呢?
　　她下了几次决心[8],终于勇敢地走进了婚姻[9]介绍所[10],填[11]了一张登记表[12]。
　　一个月以后,她满怀[13]希望,来到了介绍所。工作人员[14]递[15]给她几张登记表,她一张一张地看过去,心一下子凉了下来。"就给我介绍这样的?"她失望[16]地抬起了头。
　　"这个,我们……"工作人员好像有什么话不好意思说。但最后还是在他对面坐了下来,同情[17]地说:"符合[18]你提出的条件[19]的人,确实有几个,可他们一看你的表,……"

　　"他们怎么说?"
　　"他们说不想找一个女强人[20]。"
　　她拿起自己的那张登记表,装进手提包[21],然后默默[22]地走了出去。
　　现在,她坐在公园的长椅上,身穿自己设计的西服套装[23],等着好友为她介绍的又一个小伙子。这次她有了经验,没有让介绍人说自己是服装公司的经理。
　　小伙子的照片她看过了,也知道小伙子只是一家工厂的技术员[24]。技术员就技术员吧,为什么男的一定要比女的强呢?只要他对我好就足够了,我也一定会好好照顾他的。她就这样默默地想着。其实[25],她从心里不希望别人把她看作女强人。

"我来晚了。"小伙子大方[26]而有礼貌[27]地向她伸[28]出手来。

"不晚。"她说着,伸出手去。为什么这么紧张,她自己也不知道。

他们谈了一会儿天,谈了一会儿地,谈了一会儿公园里的画展[29]。

"我会给你写信的。"临[30]分手[31]时,他对她说。她心里感到一阵温暖[32]。

邮递员[33]今天好象变得特别亲切[34],亲手[35]把那封她日思夜想的情书[36]交给了她。她激动地打开了信,上面写道:

"×××同志:

本人[37]只是一名小小技术员,不想高攀[38]。等我有朝一日[39]当上了厂长,再来娶[40]你。再见!"

×××

生 词 语

1. 确实	(副)	quèshí	really; indeed
2. 事业	(名)	shìyè	cause; undertakeing
3. 投入	(动)	tóurù	to put into
4. 公司	(名)	gōngsī	company
5. 不知不觉		bùzhībùjué	unconsciously
6. 设计	(动)	shèjì	to design
7. 礼服	(名)	lǐfú	ceremonial rob or dress
8. 决心	(名)	juéxīn	determination
9. 婚姻	(名)	hūnyīn	marriage
10. 介绍所	(名)	jièshàosuǒ	the place of introduction
11. 填	(动)	tián	to write; to fill in
12. 登记表	(名)	dēngjìbiǎo	register
13. 怀	(动)	huái	to cherish
14. 工作人员	(名)	gōngzuòrényuán	staff member
15. 递	(动)	dì	to hand over; to give
16. 失望	(形)	shīwàng	disappointed
17. 同情	(动)	tóngqíng	to sympathize with
18. 符合	(动)	fúhé	to accord with
19. 条件	(名)	tiáojiàn	requirement
20. 女强人	(名)	nǚqiángrén	competent woman
21. 手提包	(名)	shǒutíbāo	handbag
22. 默默		mòmò	quietly; silently

23. 套装	（名）	tàozhuāng	suit
24. 技术员	（名）	jìshùyuán	technician
25. 其实	（副）	qíshí	actually; in fact
26. 大方	（形）	dàfang	generous
27. 礼貌	（名）	lǐmào	politeness; manners
28. 伸	（动）	shēn	to strench
29. 画展	（名）	huàzhǎn	art exhibition
30. 临	（副）	lín	just before
31. 分手	（动）	fēnshǒu	to say good-bye
32. 温暖	（形）	wēnnuǎn	warm
33. 邮递员	（名）	yóudìyuán	postman
34. 亲切	（形）	qīnqiè	kind; cordial
35. 亲手	（副）	qīnshǒu	with one's own hand
36. 情书	（名）	qíngshū	love letter
37. 本人	（名）	běnrén	I (me, myself)
38. 高攀	（动）	gāopān	to make friends or claim ties of kinship with someone of a higher social position
39. 有朝一日		yǒuzhāoyírì	some day; one day
40. 娶	（动）	qǔ	to marry (a woman); to take to wife

词语例释

一、这对一个姑娘来说,确实是有点儿晚了。

"对……来说",引出谈论的对象,有强调作用。

例:1.～我～,最希望的是学好汉语,将来找个好工作。

2.～父母～,孩子永远是孩子。

3.～中国人～,春节是最重要的节日。

二、技术员就技术员吧。

"A 就 A 吧",表示虽然不太满意,但没办法或无所谓。

例:1.衣服大～大点儿～,能穿就行。

2.东西丢～丢了～,你着急也没用。

3.找对象的时候不能太挑剔,个子矮～矮点儿～,人好最重要。

三、其实她从心里不希望别人把她看作女强人。

"其实"表示实际情况不是表面的那样。

例:1.他说他今天有点儿不舒服,～是他不想去。

2.开车看起来很难,～很容易。

3.我说我做菜最拿手,～,我从来没做过菜。
四、她从心里不希望别人把她看作女强人。
　　"把……V.作",固定句式。常用于书面语。
　　例:1.我～她看～我最好的朋友。
　　　2.他父母去世后,我们一直～他当～我们的儿子。
　　　3.人们～苏州、杭州比～"人间天堂"。
五、临分手时,他对她说。
　　"临",用于动词之前,表示动作将要发生。
　　例:1.他～上车前,他交给我一封信。
　　　2.这种药～睡前吃。
　　　3.～进考场前,他还在看书。
六、邮递员亲手把那封她日思夜想的情书交给了她。
　　"亲……"表示亲自做什么。同样用法的还有"亲眼、亲口、亲耳、亲笔"等。
　　例:1.这件事是我～眼看见的,错不了。
　　　2.总统热情地接待了我,并送给我一张～笔签名的照片。
　　　3.我一直很珍惜这件衣服,因为它是我离家的时候,妈妈～手为我缝制的。

练　　习

一、朗读辨音:
　　guǎngchǎng　　yǔfǎ　　jiǎndān　　lǎoshī　　lǚxíng　　qǐchuáng
　　yìbān　　yìtiān　　yìtiáo　　yìqún　　yìběn　　yìqǐ
　　yíqiè　　yídìng　　wànyī　　tǒngyī　　bùshuō　　bùtīng
　　bùnéng　　bùnán　　bùgǎn　　bùdǒng　　búhuì　　búqù

二、选择适当的词填空:
　　1.她三十岁了,_____一个人。这对一个姑娘_____,确实是_____晚了。父母、亲戚朋友_____她着急,她_____觉得自己该有个家了。
　　2.她一张一张地看_____,心一下子凉了_____。
　　3.她_____自己的那张登记表,_____手提包,然后默默地_____。
　　4.现在,她_____在公园的长椅上,_____自己设计的西服套裙,_____好友为她介绍的又一个小伙子。

三、写出下列各词的反义词:
　　1.希望_____　2.姑娘_____　3.大方_____　4.晚_____　5.凉_____
　　6.以前_____　7.紧张_____　8.重_____　9.娶_____　10.强_____

四、根据意思填上适当的词语:
　　1.(　　　　)为年轻人介绍对象的单位。
　　2.(　　　　)事业比较成功的女性。

3.（　　　　）将来有那么一天。
4.（　　　　）白天晚上都在想。

五、用所给的词语或结构完成句子：
1.甲：你觉得汉语什么地方最难？
　乙：_____。(对……来说)
2.甲：你看徐悲鸿的这张奔马图怎么样？
　乙：_____。(确实)
3.我们一边走一边谈，_____。(不知不觉)
4.甲：这件衣服你穿有点儿小。
　乙：_____。(……就……吧)
5.他看上去还像个孩子_____。(其实)
6._____，他把门窗都关好了。(临……)
7.甲：你听谁说的？我怎么不知道？
　乙：_____。(亲……)
8.我和我的同屋关系非常好，
　_____。(把……当作)

六、模仿造句：
1.什么时候她才能穿上为自己设计的结婚礼服呢？

2.技术员就技术员吧,为什么男的一定要比女的强呢？

3.她从心里不希望别人把她看作女强人。

4.只要他对我好就足够了。

5.这对一个姑娘来说确实有点儿晚了。

6.等我有朝一日当上了大厂长,再来娶你。

七、根据课文回答下列问题：
1."她"三十岁了,对一个姑娘来说怎么样？
2."她"为什么三十岁了,还是一个人？
3."她"最后下决心去了什么地方？
4."她"在婚姻介绍所找到合适的对象了吗？为什么？
5.现在,"她"坐在公园里等谁？
6.为什么她觉得紧张？

7. 他们在一起谈了些什么？
8. 小伙子临分手时说了什么？她觉得怎么样？
9. 邮递员送来的是什么信？"她"为什么日夜盼望？
10. 信上写些什么？是"情书"吗？

八、回答下列问题，然后将它们组成一篇短文。
1. 你们国家一般要多大结婚？
2. 找对象一般是自己认识还是朋友介绍？
3. 男青年找对象的标准大概是什么？
4. 女青年找对象的标准又是什么？
5. 你们国家对三十岁还没结婚的人怎么看？
6. 你们国家有没有婚姻介绍所？
7. 一般的人是不是一定要结婚？对不结婚的人怎么看？
8. 你对上述各个问题有什么看法？

阅读课文

漫谈恋爱与婚姻

中国有五千多年的悠久历史，传统文化也相当丰富，人们的衣食住行都会受到这种文化的影响。作为人生大事的婚姻自然也不例外。

以前中国人的婚姻讲究"门当户对"、"父母之命、媒妁之言"，一切由父母作主，男女双方在结婚之前甚至连面也没有见过，由此断送了不少好姻缘。现在的年轻人则不同了，他们基本上都是自由恋爱，自主选择朋友和对象。可是恋爱婚姻中的一些问题和烦恼并没有因此而消失。

在选择对象时，由于受传统观念的影响，人们大多都遵守着"男高女低"的原则。这包括个子女比男矮，学历男比女高；年龄女比男小，工资男比女多等等。这样一来，学历低、个子矮、没有特殊才能的男性在找对象时困难就比较大，那些学历高、个子高的女性、特别是所谓的"女强人"要找到合适的意中人也不容易。

前些年由于历史的原因，造成城市中"大男大女"增多，不但就业存在问题，解决婚姻大事更是当务之急。另外一些年轻人由于交际面窄，在自己的生活圈子也难找到意中人……。针对婚姻恋爱中存在的上述问题，社会各界除了大力提倡破除旧的传统观念，选择对象要注重心灵美以外，各种形式的婚姻介绍所、报刊征婚、青年联谊会等应运而生，给很多年轻人带来了福音。近年来又出现了《电视红娘》、《电脑红娘》，这种全新的现代化的传媒手段，以它方便、快捷的优势很快受到人们的青睐。通过这些传媒的牵线搭桥，一对又一对的有情人由相识、相知到相爱、相恋，最终携手步入了婚姻的殿堂，走向了幸福的彼岸。

回答问题：
1. 以前中国人的婚姻是怎样的？
2. 现在的年轻人谈恋爱和以前相比有了什么变化？
3. 现在在选择对象时什么样的人问题比较大？
4. 为什么学历高、个子高的女性找对象比较困难？
5. 现在社会上都有一些什么样的婚姻介绍形式？
6. 比较受人们欢迎的形式有哪些？

第十课

课文　爱如茉莉[1]

那是一个美丽的黄昏[2],我从一本爱情小说中抬起眼睛,对一边正在给花浇[3]水的母亲说:"妈妈,你爱爸爸吗?"

妈妈先是一愣[4],接着微红了脸:"看你这孩子,问些什么莫名其妙[5]的问题!"

我见妈妈有些不好意思,就又问了一个问题:"妈妈,你说真爱像什么?"

妈妈想了一会儿,随手[6]指着那棵茉莉花说:"就像茉莉吧。"

我差点儿[7]笑出声来,但一看到妈妈一本正经[8]的眼睛,就赶忙[9]把"这也叫爱"咽[10]了回去。不久以后的一个晚上,妈妈突然得急病住进了医院。当时[11],爸爸正出差[12]在外地,回到家后连饭也没吃,就去了医院。此后,他每天都去医院。

一个清新[13]的早晨,我按照[14]爸爸特别的叮嘱[15],剪[16]了一大把茉莉花带到医院去。当我推开病房的门时,不禁[17]被眼前的情景[18]惊[19]住了:妈妈睡在床上,脸上带着淡淡[20]的微笑;爸爸坐在床前的椅子上,一只手紧握[21]着妈妈的手,头伏[22]在床沿[23]边睡着了。阳光[24]从窗外照进来,照在他们身上,美极了。

也许是我惊醒[25]了爸爸,他慢慢抬起头,轻轻放下妈妈的手,然后轻手轻脚地走到门边,把我拉了出去。

看着爸爸憔悴的脸和红红的眼睛,我不禁心疼[28]地问:"爸,你怎么不在陪床[29]上睡?"

爸爸一边打哈欠[30]一边说:"我夜里睡得死,你妈妈有事又不肯[31]叫醒我。这样睡,她一动我就惊醒了。"

爸爸去买早点[32],我悄悄[33]走进病房,把一大把茉莉花插进花瓶,一股清香[34]弥漫[35]开来。

"樱儿,来帮我揉[36]揉胳膊和腿。"

"妈妈,你怎么啦?"我很奇怪。

"你爸爸伏在床边睡着了。我怕惊醒他不敢动,不知不觉,手脚都麻木[37]了。"

这么简单的一句话,却使我静静地流下泪来。

啊,爱如茉莉……

(根据映子同名小说改写)

生 词 语

1. 茉莉	(名)	mòlì	jasmine
2. 黄昏	(名)	huánghūn	dusk
3. 浇	(动)	jiāo	to water
4. 愣	(形)	lèng	distracted; blank
5. 莫名其妙		mòmíngqímiào	be baffled
6. 随手	(副)	suíshǒu	conveniently
7. 差点儿		chàdiǎnr	almost; nearly
8. 一本正经		yìběnzhèngjīng	in all seriousness
9. 赶忙	(副)	gǎnmáng	quickly
10. 咽	(动)	yàn	to swallow
11. 当时	(名)	dāngshí	at that time
12. 出差	(动)	chūchāi	to be away on official business
13. 清新	(形)	qīngxīn	pure and fresh
14. 按照	(动)	ànzhào	according to
15. 叮嘱	(动)	dīngzhǔ	to urge again and again
16. 剪	(动)	jiǎn	to cut with scissors
17. 不禁	(副)	bùjīn	can't help(doing sth.)
18. 情景	(名)	qíngjǐng	scene; sight
19. 惊	(动)	jīng	to be surprised; to disturb
20. 淡淡	(形)	dàndàn	light; pale
21. 紧握		jǐnwò	to hold tightly
22. 伏	(动)	fú	to bend over
23. 床沿	(名)	chuángyán	bedside
24. 阳光	(名)	yángguāng	sunlight

25. 醒	（动）	xǐng	to wake up; to be awake
26. 轻手轻脚		qīngshǒuqīngjiǎo	gently; softly
27. 憔悴	（形）	qiáocuì	wan and sallow
28. 心疼	（动）	xīnténg	to love dearly
29. 陪床	（名）	péichuáng	a bed for look after a patient
30. 哈欠	（名）	hāqian	yawn
31. 不肯		bùkěn	not agree
32. 早点	（名）	zǎodiǎn	breakfast
33. 悄悄	（副）	qiāoqiāo	quietly
34. 清香	（名）	qīngxiāng	faint scent
35. 弥漫	（动）	mímàn	to spread all over the place
36. 揉	（动）	róu	to rub; to knead
37. 麻木	（形）	mámù	numb; insensitive

词 语 例 释

一、问些什么莫名其妙的问题。

"莫名其妙"，表示因为不明白原因或不合情理而让人感到奇怪。

例：1. 他一进门大家就笑了起来，他感到有点儿～。

2. 他最近常常做一些～的怪梦。

3. 一个小孩儿一见他就叫"爸爸"，让他～。

4. 我又不认识你，为什么让你住在我这儿，真是～。

二、我差点儿笑出声来。

"差(一)点儿"，表示某种事情差不多要实现或勉强实现。

如果是说话人不希望发生的或无所谓希望不希望的，"差(一)点儿"和"差(一)点儿没"都表示否定意义。

例：1. 我～(没)掉到水里。

2. 他骑车～(没)撞到人。

3. 去年，我～(没)去广州工作。

如果是说话人希望发生的，"差(一)点儿"表示否定意义；"差(一)点儿没"表示肯定意义。

例：1. 我～没赶上火车。(=赶上了)

2. 他～就拿第一名了。(=没拿到)

3. 我弟弟去年～没考上大学。(=考上了)

三、当时，爸爸正出差在外地。

"当时"，表示过去发生某件事或有某种情况的那个时候。

例:1.我是四年前认识他的,～他还是一名学生。
　　2.～我喝醉了,对发生的情况一点儿也不记得了。
　　3.他爸爸很早就去世了,～他只有十岁。
　　4.他～已经结婚不住在家里,所以不知道这件事。

四、回家后连饭也没吃

"连……也",强调句式,强调的成分可以是名词、动词、数量、小句等。

例:1.这个问题太容易了,～小孩儿～知道。
　　2.他～饭～没吃就去飞机场了。
　　3.这种事以前我～听～没听说过。
　　4.房间里～一个人～没有。
　　5.这些内容他不但知道,而且～在书上的第几页～清清楚楚。

五、剪了一大把茉莉花带到医院去

"数词+大+量词",这里的"大"表示数量多或体积大等,有强调的意思,数词常是十以下的。

例:1.街上围了一～群人,不知出了什么事。
　　2.我们家门前堆了两～堆土。
　　3.他今天晚上一口气喝了三～杯白酒。

六、不禁被眼前的情景惊住了

"不禁",表示抑制不住、禁不住做某事。

例:1.他们表演的太好了,观众～鼓起掌来。
　　2.听了他说的笑话儿,大家～笑了起来。
　　3.一阵凉风吹来,我～打了一个哆嗦。

七、不禁被眼前的情景惊住了。

"动词+住",是动补结构,一般有以下几种意思:

1.表示牢固或稳当。

例:①那个小偷被警察抓～了。
　　②妈妈的话我都记～了。

2.表示停顿或静止。

例:①他的这个问题把老师也问～了。
　　②车开得太快了,一下子很难停～。

3.表示力量够得上或够不上。

例:①我跑了两个小时,终于支持不～摔倒了。
　　②再坚强的人也受不～这么多的打击。

练 习

一、朗读辨音：

māma　　zhuōzi　　tiānshang　　yéye　　fángzi　　tóushang
nǎinai　　sǎngzi　　wǎnshang　　bàba　　jùzi　　dìshang
dōngxi　　gānjing　　róngyi　　xǐhuan　　xiǎojie　　piàoliang

二、选词填空：

抬、浇、指、推、握、伏、拉、插、揉、流、打、放

1.____哈欠　2.____手　3.____挥　4.____门　5.____花　6.____水
7.____行李　8.____腿　9.____泪　10.____车　11.____头　12.____身

淡淡、慢慢、轻轻、红红、静静、悄悄、默默

1.____的眼睛　2.____抬起头　3.____地流泪　4.____走进病房
5.____放下妈妈的手　6.____的微笑　7.____地想着心事

三、根据意思填上适当的词语：

1.（　　　　）因为不明白原因感到奇怪。
2.（　　　　）非常认真、正式，不开玩笑。
3.（　　　　）因为工作去了外地。
4.（　　　　）没有声音，脚步轻轻地走。
5.（　　　　）手脚保持一个姿态，时间长了以后的感觉。

四、用趋向补语填空：

1.我差点儿笑_____声_____，但一看到妈妈一本正经的眼睛，就赶忙把"这也叫爱"咽了_____。
2.阳光从窗外照_____，照在他们身上，美极了。
3.他慢慢抬____头，轻轻放____妈妈的手，然后轻手轻脚地走到门边，把我拉了_____。
4.一股清香弥漫_____。
5.这么简单的一句话，却使我静静地流____泪____。

五、用所给的词语或结构完成句子：

1.天很黑，又没有路灯，我_____。（差点儿……）
2.妻子一回到家就一直看着我笑，问她也不回答，_____（莫名其妙）
3.这次考试我没有好好儿复习，_____。（差一点儿……）
4.这件事我一点儿也不知道，_____。（当时）
5.在中国，自行车非常多，_____。（连……也）
6.妈妈知道孩子又考了不及格，_____。（不禁……）

7. 我们的汉语课生词特别多,_____。(V.+住)
8. 甲:那个偷东西的人抓到了吗?
   乙:_____。(V+住)

六、模仿造句:
1. 看你这孩子,问些什么莫名其妙的问题。

2. 回家后,连饭也没吃,就去了医院。

3. 我剪了一大把茉莉花带到医院。

4. 看着爸爸憔悴的脸和红红的眼睛,我不禁心疼地问:

5. 我怕惊醒他不敢动,不知不觉,手脚都麻木了。

七、根据课文回答问题:
1. "我"为什么问妈妈:"你爱爸爸吗?"
2. 妈妈回答"我"的问题了吗?
3. 妈妈认为"真爱"是什么?
4. 不久以后家里发生了一件什么事?
5. 爸爸当时在家吗?他去干什么了?
6. "我"推开医院病房门时看到了什么?
7. 爸爸为什么不在陪床上睡?
8. 妈妈为什么手脚都麻木了?
9. "我"为什么静静地流下了眼泪?
10. 你认为"我"的爸爸妈妈相爱吗?你怎么理解"爱如茉莉"?

八、作文:(要求600字左右)
《我的爸爸妈妈》

阅读课文

寄贺年卡的人

新年快要到了,他却没有快乐。

妻子去世快一个月了,他仍然无法从悲痛中挣脱出来。他对谁都很冷漠,对什么都没有感觉,每天下班回到家就一个人闷在屋里一口一口地喝酒。朋友们劝他要振作,他却冷冷地说:"我心已死。"然而,就在这时,他收到了一张贺年卡。谁会给他寄卡呢?

贺年卡的图案很简单,洁白的纸上画着一片绿色的叶子,叶子上方印着五个字:"默默的祝福"。贺年卡没有署名,只写着这样一行字:"别猜我是谁,也不必去寻找。只要你知道,这世界上有人在默默地祝福你。生活依然美好,依然充满热情,依然充满爱。新年与你同在。"

这几行字,他看了一遍又一遍,心中慢慢升起一丝暖意。他努力辨认着,但什么也看不出来。看来是寄卡人有意隐瞒了自己的笔迹。"我一定要找到这个寄卡的人。"他对自己说。

第二天上班,他对遇到的同事都点头微笑,这是妻子去世以来,他第一次露出笑容。同事们也以微笑回报他。路上见到的邻居和朋友,他也向他们点头打招呼,他们也以微笑和问候来回应他。每一个微笑、每一声问候都带着温馨和祝福,每一个人看起来都像寄卡的人。他被感动了,感到已死的心在慢慢地复活,生活依然美好,依然充满了爱。

他很感谢寄贺年卡的人,他(她)到底是谁呢?

一天,他又拿出那张卡来,一个字一个字地观看。他突然看到了信封上的邮戳。贺卡是挂号寄来的,对,为什么不去邮局问问呢?

邮局的人告诉他:"这个挂号寄贺年卡的人我们记得清清楚楚。两个月以前,来了一个很瘦的女人,她的嘴唇几乎没有血色。她说她得了绝症,将不久于人世。她请求我们代她在年前寄出这张贺卡……。我们知道她已经死了,因为,她说,如果她能坚持到年底,她将亲自来寄这张贺卡。"

听完这些,他已知道了寄贺年卡的人是谁。他深深地,不知是向这告诉他谜底的人,还是向他那已长眠地下的妻子,鞠了一躬。

(改自《人民日报》(日文版)1993年2期)

根据文章回答问题:
 1. "他"为什么不快乐?表现是什么?
 2. "他"接到一张什么样的贺年卡?
 3. 看到贺年卡后,"他"有什么反应?
 4. 自从收到贺年卡,"他"有些什么变化?
 5. "他"是怎么知道寄贺年卡的人的?
 6. 寄贺年卡的人到底是谁?

第十一课

课文　沉默[1]

铃[2]声响[3]了,我去初一(4)班上课,这一节课要讲"亲情之爱"。

我问:"爸爸妈妈知道你的生日在哪一天吗?""知道!知道!""生日那天,爸爸妈妈向你祝贺[4]吗?""当然祝贺啦!""'知道的''祝贺的'请举手!"

孩子们骄傲[5]地举起了手。

"把手举高,老师要点[6]数了!"我提高了声音,"嗬,这么多啊!"

我的情绪[7]影响了他们,他们随着[8]我一起点起数来,越点越多,越点越兴奋[9],几乎所有的孩子都在快乐地谈着,谈的内容当然是生日晚会[10]、生日礼物、父母的祝福[11]……

我接着说:"我可以再提一个问题吗?"孩子们还都在快乐和骄傲之中呢,他们点头,眼睛在说:"问吧,我们有的是[12]叫您满意的回答!"

"你们中间有谁知道爸爸妈妈的生日,请举手!"

教室里安静了下来。

我把问题重复[13]了一遍,教室里还是很安静。过了一会儿,几个女学生举起了手。

"向爸爸妈妈祝贺生日的,请举手!"

没有人举手。教室里一点声音也没有。孩子们有的低着头,有的望着窗外,像犯[14]了大错一样。我和孩子们一起沉默着,但我感到他们心底有一种最珍贵[15]的东西正在慢慢地升[16]起来。终于,有人轻轻地问:"怎样才能知道爸爸妈妈的生日呢?"

先是一两声,接着就是七嘴八舌[17]:"问爸爸!""不,问外婆[18]!""自己查他们的身份证[19]!"教室里又热闹起来,但与沉默前的热闹已经不一样了。

下课前,我给孩子们提了建议[20]:为了给父母一个特别的惊喜[21],你最好用一种不被父母察觉[22]的方式[23]了解他们的生日,而祝贺的方式是各种各样的。记住:只要你表达[24]了自己的爱,不管什么礼物他们都会觉得珍贵的。

不久,学校开了家长[25]会,那些爸爸妈妈们不约而同[26]地说:"我那孩子真懂事了!""他祝我生日快乐!""他送了我礼物!""他给我写信叫我不要烦恼[27]!""他会体贴[28]人了!"……

哦,我真快活!

(根据王圣民同名文章改写)

生 词 语

1. 沉默　　　(名、动)　chénmò　　　silence
2. 铃　　　　(名)　　　líng　　　　bell
3. 响　　　　(动)　　　xiǎng　　　 to ring
4. 祝贺　　　(动)　　　zhùhè　　　 to congradulate
5. 骄傲　　　(形)　　　jiāo'ào　　　proud
6. 点(数)　　(动)　　　diǎn(shù)　　to count
7. 情绪　　　(名)　　　qíngxù　　　 mood
8. 随着　　　(介)　　　suízhe　　　 along with
9. 兴奋　　　(形)　　　xīngfèn　　　exciting
10. 晚会　　　(名)　　　wǎnhuì　　　party
11. 祝福　　　(名)　　　zhùfú　　　　blessing; benediction
12. 有的是　　(动)　　　yǒudeshì　　to have a lot of
13. 重复　　　(动)　　　chóngfù　　 to repeat
14. 犯(错)　　(动)　　　fàn(cuò)　　to commit (a mistake, crime, etc.)
15. 珍贵　　　(形)　　　zhēnguì　　 precious
16. 升　　　　(动)　　　shēng　　　 to rise
17. 七嘴八舌　　　　　　qīzuǐbāshé　with every body trying to get a word
18. 外婆　　　(名)　　　wàipó　　　　grandmother
19. 身份证　　(名)　　　shēnfènzhèng　ID card
20. 建议　　　(名)　　　jiànyì　　　　suggestion
21. 惊喜　　　(动)　　　jīngxǐ　　　　a pleasant surprise
22. 察觉　　　(动)　　　chájué　　　 to discover
23. 方式　　　(名)　　　fāngshì　　　way; pattern

67

24. 表达	（动）	biǎodá	to express
25. 家长	（名）	jiāzhǎng	the parent or guardian of a child
26. 不约而同		bùyuē'értóng	to agree with one another without prior consultation
27. 烦恼	（形）	fánnǎo	worry
28. 体贴	（动）	tǐtiē	be full of thought for

词 语 例 释

一、把手举高,老师要点数了。

"把"是介词,宾语是它后面动词的受事者,是有定的。动词带有"处置、致使"的意思,后面一定要有附加成分。

例:1. 请你～门打开。

2. 他应该～自行车修理好。

3. 我没～信寄出去。

4. 昨天我忘了～这件事告诉他。

二、这么多啊。

"这么"指示代词,指示形状、状态、方式、程度等,有时可指示数量小、程度低,有时可指示数量大、程度高。

例:1. 大家都～说,我就相信了。

2.(用手比划)那个盒子有～大,～宽。

3. 才说了～一会儿,你就累了?

4. ～热的天,我还是第一次遇上。

三、几乎所有的孩子都在快乐地谈着。

"所有"常用的用法有两种:

1. 表示领有。

①法院判定孩子归母亲～。

②这笔钱为我～,怎么花是我自己的事。

2. 表示全部。

①～的人都到了,咱们开会吧。

②我把～需要的东西都买来了,你教我做这个菜吧。

四、我们有的是叫您满意的回答。

"有的是"强调很多,表示不怕没有。

例:1. 时间～,你慢慢说。

2. 他～钱,想买什么就买什么。

3. 我家里～让我操心的麻烦事。

4.啤酒～,今天大家随便喝。

五、先是一两声,接着就是七嘴八舌。

　　"七……八……"嵌用名词或动词(包括词素),表示多或少而杂乱。

　　例:～手～脚;～上～下;

　　　　～零～落;～拼～凑;～扭～歪。

　　例:1.他突然摔倒了,几个同学七手八脚地将他抬进宿舍。

　　　　2.他的字写得七扭八歪的,难看极了。

六、不管什么礼物他们都会觉得珍贵的。

　　"不管"在这里是连词,常和"都"一起用,强调"任何"。

　　例:1.～你说什么,我都要去。

　　　　2.明天～天气好不好,你都得来参加这个会。

　　　　3.我决定就这样做了,～我爸爸高兴不高兴。

练　习

一、写出下列各个动词的宾语:

　　祝贺____　　影响____　　表达____　　提高____

　　犯____　　　点____　　　提____　　　举____

二、用适当的词填空:

　　没有人____手。教室里一点声音也没有。孩子们有的____着头,有的____着窗外,像____了大错一样。我和孩子们一起____着,但我感到他们心底有一种最珍贵的东西正在慢慢地____起来。终于,有人轻轻地____:"怎样____知道爸爸妈妈的生日呢?"

三、根据意思填上适当的词语:

　　1.(　　　　)不说话。

　　2.(　　　　)自己感到很了不起。

　　3.(　　　　)对别人的思想或行动起作用。

　　4.(　　　　)又一次做。

　　5.(　　　　)价值大,宝贵。

　　6.(　　　　)没有经过商量而彼此一致。

四、完成句子:

　　1.屋子里太乱了,_____。(把)

　　2.这里晚上很安静,_____。(一点儿……也没)

　　3.他很聪明,_____。(所有)

　　4.他学习特别努力,_____。(不管……都)

　　5.她特别喜欢跳舞,_____。(只要……就)

　　6.外面太冷了,_____。(把……)

五、用带点的词语模仿造句：

1. 开始他的态度不太好，后来口气才慢慢软下来。

2. 我不知道这里的天气这么热。

3. 图书馆里有的是书。

4. 大家七手八脚地把他送进了医院。

5. 只要你好好观察，你会发现他们的不同。

6. 不管天气多么不好，他都坚持锻炼身体。

六、根据课文回答问题：

1. 孩子们谈到父母对自己的生日的态度时，有什么反应？
2. 老师问到"有谁知道爸爸妈妈的生日的？"时，孩子们怎么回答？
3. 经过一段时间的沉默后，教室里有什么变化？
4. 孩子们认为用什么方法可以知道父母的生日？
5. 老师建议孩子们怎样做？
6. 这次课后，孩子们有了什么样的变化？

七、写作练习：(大约400～600字)

1. 你喜欢这位老师吗？请写一位你最喜欢的老师。
2. 记一次难忘的生日晚会。

八、思考讨论题：

1. 孩子们为什么不知道父母的生日？说明了什么问题？
2. 请简单谈谈你们国家的儿童教育问题。

阅读课文

望子成龙

下午，小明放学回家，一进门就叫了声："爷爷，我回来了！"爷爷赶忙出来："噢，小明回来了，快来，接着背唐诗，今天该李白的'将进酒'了。""我的作业还没写完呢。""那快写，写完了就来背唐诗。现在的年轻人古文越来越差了。"

小明正写着作业，奶奶进来了："小明，做数学呢？这是新出版的《快速运算法》，快好好学学。"这时,门开了,爸爸妈妈下班回来了:"小明,看,爸爸新给你买的磁带——《英语九百句》,全套的,12盘。好儿子,好好学,将来出国留学,拿个洋博士回来。""博士有什么好?"妈妈在一旁说,"不如当个音乐家。你看那些大明星们,今天电视、明天舞台的多风光。小明,儿童电子琴班我已经给你报了名,这星期天我就送你去……"吃过晚饭,小明嘴里正背着"天生我才必有用",门铃响了,姥爷和姥姥来了:"小明,快看,姥爷给你带什么来了?国家最流行的《时装大全》,好好学,将来当个服装设计师。""服装设计师不就是裁缝吗?那有什么出息?咱们小明又聪明又听话,听姥姥的,还是学围棋好,长大了当世界冠军!"

小明看看这个,又看看那个,默默地走回自己的房间,关上了门。

"这孩子,今天是怎么了?"

根据文章回答问题:
1. 小明放学回家后的第一个任务是什么?爷爷为什么让他做这个?
2. 奶奶让小明做什么?
3. 爸爸让小明做什么?为什么?
4. 妈妈同意爸爸的意见吗?她想让小明做什么?
5. 姥爷让小明学什么?
6. 姥姥又希望小明将来怎么样?
7. 小明的态度怎么样?
8. 你读过这篇文章后的感想是什么?

第十二课

课文　棋¹友

　　我每天上班都路过²一个角落³,那儿总是坐着两个老人在下棋。看上去他们的年纪都已七十多了,白发苍苍⁴的。

　　两个人下棋很专心⁵,对过往的行人车辆一点儿也不关心。我有时也能听到他们争吵⁶,那是因为其中一个悔了棋⁷。

　　一天下班无事,我站在一边看他们下棋。看了一会儿,我忍不住暗自⁸笑起来,原来这两个老人棋艺很"臭"。但他们却特别地争强好胜⁹,互不认输¹⁰,为一步悔棋两人常常争得面红耳赤¹¹,最后又总是妥协¹²:允许另一个也悔一步棋。好在¹³两个人的棋艺都"臭¹⁴",也就互不觉得"臭"了。我觉得这两个老人挺有意思:棋艺很"臭",却又酷爱¹⁵下棋;满头银发,但又有孩子的天真¹⁶。以后没事儿的时候,我就来看他们下棋。

　　一天,我又路过这里,却只见一个老人孤零零地坐在那儿,闭¹⁷着眼睛。他面前还是那副象棋,棋子¹⁸整整齐齐¹⁹地摆²⁰在棋盘²¹上,对面是另一个小椅子。我坐下来问:"大爷,您的棋友呢?"

　　他没有睁²²眼,只是在嗓子²³里咕噜²⁴了一句,但我还是听到了:"死了。"

　　我叹了一口气²⁵。好几年了,每次路过这里看到的都是两个老人,他们守²⁶着一副象棋,或争吵,或沉默,或为走了一步好棋而像孩子一般高兴,或为一步"臭"棋而懊悔²⁷半天。他们好像已经成了这个角落不可缺少²⁸的部分了,可现在……

我对老人说："大爷，我陪²⁹您下一盘³⁰棋吧。"

他看看我，没说话，随后走了第一步。说实话，这是我一生中下得最难的一盘棋。对他的棋艺我很清楚，但我又不忍心³¹，只是很小心地想办法让他战胜³²我。下了一会儿，他就要赢了，我想他会高兴一点儿吧。抬头一看，却见他又闭上了眼睛。我不知道说什么好，只是默默地坐着。

以后，那个角落里就开始冷清³³起来，没有了争吵，也没有了沉默。

一天早晨，角落里突然又热闹起来。我急忙³⁴跑过去，只见那个老人领着两个孩子在下棋，一个小孩儿骑在他背上，另一个坐在他对面的小椅子上。老人笑眯眯³⁵地，眼睛专注³⁶在棋盘上，阳光照着他的脸，显得³⁷那么安详³⁸。

生 词 语

1.	棋	（名）	qí	chess
2.	路过	（动）	lùguò	to pass by
3.	角落	（名）	jiǎoluò	corner
4.	白发苍苍		báifàcāngcāng	grey hair
5.	专心	（形）	zhuānxīn	absorbed
6.	争吵	（动）	zhēngchǎo	to quarrel
7.	悔棋	（动）	huǐqí	to regret a false move in a chess game
8.	暗自		ànzì	to oneself
9.	争强好胜		zhēngqiánghàoshèng	to seek to do others down
10.	认输	（动）	rènshū	to admit defeat
11.	面红耳赤		miànhóng'ěrchì	red in the face
12.	妥协	（动）	tuǒxié	to compromise
13.	好在	（副）	hǎozài	luckily
14.	臭	（形）	chòu	(of skill) not up to standard; poor
15.	酷爱	（动）	kù'ài	ardently love
16.	天真	（形）	tiānzhēn	innocent
17.	闭	（动）	bì	to shut
18.	棋子	（名）	qízǐ	piece (in a board game)
19.	整齐	（形）	zhěngqí	tidy
20.	摆	（动）	bǎi	to arrange
21.	棋盘	（名）	qípán	chessboard
22.	睁	（动）	zhēng	to open (the eyes)
23.	嗓子	（名）	sǎngzi	throat
24.	咕噜		gūlu	to murmur
25.	叹气	（动）	tànqì	to sigh

26. 守	（动）	shǒu	to keep watch
27. 懊悔	（动）	àohuǐ	to regret
28. 不可缺少		bùkěquēshǎo	can't lack
29. 陪	（动）	péi	to accompany
30. 盘	（量）	pán	(measure word for game of chess)
31. 不忍心		bùrěnxīn	can't bear to
32. 战胜	（动）	zhànshèng	to defeat
33. 冷清	（形）	lěngqīng	cold and cheerless
34. 急忙	（副）	jímáng	in a hurry
35. 笑眯眯		xiàomīmī	smilingly
36. 专注	（动）	zhuānzhù	to be absorbed in
37. 显得		xiǎnde	seem
38. 安详	（形）	ānxiáng	composed

词 语 例 释

一、看上去他们的年纪都已七十多岁了。

"看上去"表示根据表面的情况作出某些判断。

例：1. 天边过来一大片黑云，～要变天了。

2. 他的脸色很苍白，～好像刚大病过一场。

3. 这座房子～很旧，可是内部的装修却是很现代的。

二、原来这两个老人棋艺很"臭"。

"原来"作副词时一般有两个意思。

1. 一是表示"以前的某一时期"。

例：①～这里没有这么多大楼，现在到处都是了。

②～我学的是世界历史，后来才改为国际关系。

2. 是表示"发现了从前不知道的情况"。

例：①我说是谁找我，～是你呀。

②屋子里没有人，他们～已经出发了。

3. "原来"也可以表示"没有改变的"，不单用作谓语，修饰名词时要加"的"。

例：①按～的计划办吧。

②我还住在～的地方，有空去玩吧。

三、好在两个人的棋艺都很"臭"，也就互不觉得"臭"了。

"好在"引出某种有利的条件或情况，有轻微的庆幸语气。

例：1. 现在的功课很忙，～我有辅导帮我。

2. 食堂里的菜不太好吃，～学校附近有好多小餐馆。

3.他今天生病进了医院,不过~不是什么大病,过几天就好了。

四、他没有睁眼,只是在嗓子里咕噜了一句。
　　"只是"一般有以下几种用法:
　　1.仅仅是,不过是。
　　　例:①今天我~来看看你,没有什么重要的事。
　　　　②我~头有点儿疼,休息一会儿就好了。
　　2.表示强调限于某个情况或范围。
　　　例:①我问他对这事有什么看法,他~笑,不回答。
　　　　②他~低着头走路,一句话也不说。
　　3.引出不足,有轻微的转折语气。
　　　例:①新家环境很好,~离城区远了点儿。
　　　　②这件衣服挺好看的,~洗的时候麻烦点儿。

五、好几年了,每次路过这里看到的都是两个老人。
　　"好几"强调多或久。
　　　例:1.这次会议有~百人参加。
　　　　2.他带回国的书有~大箱。
　　　　3.他们是~十年的老朋友了。

六、阳光照着他的脸,显得那么安详。
　　"显得"指在周围景物或情形的衬托下表现出某种情形。
　　　例:1.新装修的房屋在太阳光下~那么洁净舒适。
　　　　2.他穿着中山装出现在大家面前,~非常与众不同。
　　　　3.大家在考试以前都~很紧张。

练　　习

一、搭配或组词:
　　专心地_____　　默默地_____　　孤零零地_____
　　暗自_____　　　突然_____　　　急忙_____
　　酷爱_____　　　显得_____
　　天真的_____　　冷清的_____　　安详的_____

二、用适当的词填空:
　　看了一会儿,我忍不住____笑起来,____这两个老人棋艺很"臭"。但他们却特别地____,互不____,为一步悔棋两人常常争得____,最后又总是____:允许另一个也悔一步棋。____两个人的棋艺都"臭",也就互不觉得"臭"了。我____这两个老人挺有意思:棋艺很"臭",却又____下棋;满头银发,但又有孩子的____。

三、根据意思填上适当的词语:
　　1.(　　　　)集中注意力。

2.(　　　　)形容争吵时满脸通红的样子。
3.(　　　　)承认失败了。
4.(　　　　)用让步的方法解决问题。
5.(　　　　)形容老年人满头白发的样子。
6.(　　　　)做错了事或说错了话,心里自恨不该这样。

四、完成句子：

1.今天小王生病了,_____。(看上去)
2.他们俩长得很像,_____。(原来)
3.下课的时候天下起雨来,_____。(好在)
4.昨天晚上我睡得太晚,所以今天_____。(显得)
5.他虽然今年七十多了,_____。(却……)
6._____,并没有批评你的意思。(只是…)

五、用带点的词语模仿造句：

1.节日的公园格外地漂亮。

2.听到敲门声,我急忙开门一看,只见邻居小李站在门外。

3.听了我的话,他没说什么,只是点了点头。

4.我和他已经好几个月没通信了。

5.今天来了两个新学生,一个是男的,另一个是女的。

6.看了一会儿,我忍不住暗自笑起来。

六、根据课文回答问题：

1.两个下棋的老人是什么样的?
2."我"看两个老人下棋,为什么笑起来?
3."我"觉得这两个老人怎么样?
4.为什么后来只有一个老人了?
5."我"是怎么陪老人下棋的? 为什么?
6.老人快赢了,他高兴吗?
7.一天早晨,角落里为什么又热闹起来?

六、写作练习：

写写你认识的一位老人的生活。(大约400～600字)

七、思考讨论题：

在你的国家老人的生活怎么样？有什么问题？

阅读课文

一条路上

老人老了，虚岁七十五，出门散步都累得慌，走一走，停一停。天空蒙上了一层灰色，看样子要下雨。

小孩还小，第一次独自上街，看什么都新鲜。广告牌有三层楼那么高，五颜六色的，不知要用多少蜡笔呢？还有商店橱窗里的那些小人都是带色的，多好看。

老人走，小孩也走，在一条路上。

好像就在不久前，老人曾经还是那么年轻，在伙伴的背后偷着画画儿，和女朋友悄悄地交换着吻……仅在一瞬间，他就变得这么老了——眼花，耳聋，心力衰竭，动脉硬化。唉，要是再让他回到青年时代该多好！

小孩顶讨厌大人了，谁见他都说："多可爱的小家伙呀！"既然是小家伙，那么就只好跟玩具作伴了。他不乐意。他盼着快快长大。

公共汽车来了，乘客们都往上挤。老人叹了口气，算了，走吧，他已经没有挤车的精力了。

小孩还从来没有这么开心过，他像一条泥鳅一样，灵巧地穿行在人群中间。突然，裤带断了，幸好没有人注意，他吐吐舌头，两手提着裤子走。

下雨了……

老人早就知道要下雨，准备好了伞，绿色的布伞，承受着雨点的敲打，发出的声音沉闷而孤寂。他对这些已经无动于衷，他经过的雨太多了。

小孩被淋成了落汤鸡，雨点滚进衣领里，冰凉，怪好玩的。他笑着，跑着。

天晴了。

这时候，一条路的两面——老人和小孩的目光相遇了，老人认出来，那个小孩正是他的过去；但是，小孩说什么也不承认，那个老人就是他的将来。

根据文章回答问题：

1. "老人老了"表现在哪儿？
2. 小孩看到了哪些新鲜的事物？
3. 老人年轻时和年老时有哪些差别？他希望什么？
4. 小孩希望什么？为什么？
5. 老人看到公共汽车时有什么反应？
6. "小孩还从来没有这么开心过……"一段说明了什么？

7. 下雨了,老人做了什么? 想了什么?
8. 小孩在雨里的感觉是什么?
9. 老人和小孩见面时,各自的心理是怎么样的?

第十三课

课文　邻居

赵、王两家先后[1]搬进了新楼,住对门[2]。

赵家是南方人,喜欢吃糯米酒[3],每隔[3]十天半月就做一回。做好以后,赵夫人就送给王家一碗。赵家是北方人,喜欢吃饺子,隔一段时间也会包一顿。礼尚往来[5],每当赵家送来糯米酒,过一两天,王家就送一碗饺子去。这样来来往往过了半年,两家的关系[6]越来越好。

这天,王夫人做好了饺子正要送过去,却被老王叫住了。

"怎么了?"王夫人看着老王。

"昨天你没注意,赵家送来的糯米酒比平时满一点儿。"

"好像是满一点儿。"王夫人想了想说。

"这就对了,找个大点儿的碗去。还礼要比来礼重一些。别叫人家说我们小气。"

于是,王夫人换了一个大一点儿的碗。

过了十几天,赵家又送来一碗糯米酒,王家两口子[7]一看,那碗比他们送去的碗还大一点儿。老王说:"你看,人家[8]多懂礼[9]。明天你去买一斤好肉,咱们也包顿饺子,再找个更大点儿的碗送去。"

第二天,王夫人做好了饺子,翻箱倒柜[10]找了半天,终于翻出一个大海碗[11]。王夫人对老王说:"你看见了,这是咱们家最大的碗,以后可拿什么送?"

又过了十几天,赵家送来了一汤盆¹²糯米酒,那汤盆好大,可以装下一只鸡。

"他们一定以为¹³咱们贪¹⁴吃糯米酒,才想出这么个办法。我看算了¹⁵,别送了。"王夫人说。老王却不同意,他坚决¹⁶地说:"不行,来而不往非礼也¹⁷,送!"

第二天,两人忙了半个晚上,到九点多钟才做好了饺子。王夫人叫老王打开门,自己半弯¹⁸着腰¹⁹,费劲²⁰地端²¹起一铝锅²²饺子出了门。

一会儿,王夫人回来了。老王着急地问:"怎么样?""唉,还能怎么样?送葬²³一样,哭不像哭,笑不像笑。那么多饺子,他们几天都吃不完。对了,我看见他们家有个装米的黑缸²⁴,我担心他们会……"。

这以后,两人开始提心吊胆²⁵地过日子。过了一个十天,又过了一个十天,一点儿动静²⁶也没有,两人松了一口气,也许事情就这样过去了。可是,这天晚饭后,门外响起了敲²⁷门声,是赵家夫妇的声音:"王家的,开开门,我们给你们送糯米酒来了"。

王家夫妇一惊:天哪,真抬缸来了!可是,总不能不开门吧,王夫人哆嗦²⁸着手慢慢打开了门。

只见赵夫人脸上笑眯眯的——手上端着一碗糯米酒!

生 词 语

1. 先后	(副)	xiānhòu	early or late
2. 对门	(名)	duìmén	building or room opposite
3. 糯米酒	(名)	nuòmǐjiǔ	alcohol made of polished glutinuous rice
4. 隔	(动)	gé	at a distance from
5. 礼尚往来		lǐshàngwǎnglái	courtesy demands reciprocity; deal with a man as he deals with you
6. 关系	(名)	guānxi	relation
7. 两口子	(名)	liǎngkǒuzi	husband and wife
8. 人家	(代)	rénjia	other people
9. 礼	(名)	lǐ	courtesy; manners
10. 翻箱倒柜		fānxiāngdǎoguì	to ran sack boxs and chest
11. 海碗	(名)	hǎiwǎn	a very big bowl
12. 汤盆	(名)	tāngpén	soup bowl
13. 以为	(动)	yǐwéi	to think; to consider
14. 贪	(动)	tān	to have an insatiable desire for
15. 算了		suànle	let it be
16. 坚决	(形)	jiānjué	firm(ly); resolute(ly)
17. 来而不往非礼也		lái'érbùwǎngfēilǐyě	It is impolite not to reciprocate; one should return as good as one receive

18. 弯	（动）	wān	to bend; to flex
19. 腰	（名）	yāo	waist
20. 费劲	（形）	fèijìn	need or use great effort
21. 端	（动）	duān	to hold sth.
22. 铝锅	（名）	lǚguō	a pot made of alumina
23. 送葬	（动）	sòngzàng	to take part in a funeral procession
24. 缸	（名）	gāng	vat; jar
25. 提心吊胆		tíxīndiàodǎn	to have one's heart in one's. mouth; be on tenterhooks
26. 动静	（名）	dòngjing	movement; activity
27. 敲	（动）	qiāo	to knock
28. 哆嗦	（动）	duōsuo	to tremble; to shiver

词 语 例 释

一、赵、王两家先后搬进了新楼。

"先后"，副词，表示一段时期内发生事件的顺序。

例：1. 我在北京三年多，～去过上海、广州、成都、桂林等地。

2. 他～几次打电话来，请我去，我实在不好意思推辞。

3. 他和女朋友～来到中国学习汉语。

二、每当赵家送来糯米酒，过一两天，王家就送一碗饺子过去。

"每当……，就……"，表示相同的动作有规律地反复出现。"就"也可以用作"都"。

例：1. ～天气变化的时候，爷爷的腿都会疼。

2. ～我回到家乡，看到熟悉的景物，就会想起童年的事情。

3. ～春节来临的时候，家家都忙着打扫房子，采购年货。

三、别叫人家说我们小气。

"人家"，一般指听话人和说话人以外的人，和"自己"相对。

例：1. 你看～的孩子多聪明，才15岁就上大学了。

2. 你怎么把小红的书拿来了，快给～送回去。

3. 话是说给～听的，发音一定要清楚才行。

有时，"人家"也可以指自己，带一点儿不满、撒娇的语气。多用于女性。

例：1. ～今天不舒服，不想吃东西嘛。

2. 你走慢一点儿行不行？～都要累死了。

3. 你给人家买嘛，～喜欢吃嘛。

四、他们一定以为咱们贪吃糯米酒

"以为"，表示对人或事物作出某种论断，比"认为"语气略轻。现已不常用。

例:1.我~,骑自行车去又快又方便。
 2.他~要想成功除了自己努力以外,还要有机遇。
用"以为"作出的论断往往和实际情况不符。
例:1.我~你明天才来呢,没想到今天就来了。
 2.他~北京很冷,到了北京以后才发现他想错了。
 3.你汉语说得这么好,我还~你是中国人呢。

五、我看算了,别送了。
"算了",表示事情完结的意思。
例:1.就那么几毛钱,~,还什么。
 2.他不是有意让你生气的,~,原谅他吧。
 3.我看,他只是说说~,不可能真做。

六、两人开始提心吊胆地过日子。
"提心吊胆",形容担忧恐惧,不能安心。
例:1.这座桥年久失修,每次从上面走过都~的。
 2.这次考试又不及格,小明回家时~的。
 3.他工作时,总是~地非常怕出错。

练　习

一、量词填空:
 一(　　)糯米酒　一(　　)饺子　一(　　)好肉　一(　　)鸡
 一(　　)大海碗　一(　　)米饭　一(　　)黑缸　一(　　)气

二、用适当的词填空:
 1.王夫人_____好了饺子正要____过去,却被老王____住了。
 2.明天你去____一斤好肉,咱们也____顿饺子。
 3.王夫人____老王____开门,自己半____着腰,费劲地____起一铝锅饺子____了门。

三、根据意思填上适当的词语:
 1.(　　　　)住在自己家正对面的人。
 2.(　　　　)礼节上重视有来有往。
 3.(　　　　)形容在家里到处翻找。
 4.(　　　　)非常担心什么事。

四、用所给的词语或结构完成句子:
 1.甲:你二十年来一直在这儿工作吗?
  乙:不,_____。(先后)
 2.在我们国家,每当客人来的时候,_____。(就/都……)
 3.甲:这不是我丢的书吗?

乙：_____。(人家)
4._____,原来你还在学校呢。(以为)
5.甲：对不起,我把你的衣服弄脏了。
　　乙：_____。(算了)
6.甲：小王在房间里吗?
　　乙：_____。(动静)

五、模仿造句：

1.每当赵家送来糯米酒,过一两天,王家就送一碗饺子去。

2.他们一定以为咱们贪吃糯米酒,才想出这么个办法。

3.唉,还能怎么样? 送葬一样,哭不像哭,笑不像笑。

4.一点儿动静也没有,两人松了一口气,也许事情就这样过去了。

六、根据课文回答问题：

1.赵家和王家是什么关系?
2.赵家是什么地方的人? 他们最喜欢吃什么? 王家呢?
3.赵家和王家的关系好不好,为什么?
4.王夫人正要去送饺子,为什么老王叫住了她?
5.过了十几天,赵家送来的糯米酒有什么不同?
6.王家用大海碗送给赵家一大碗饺子后,赵家有什么反应?
7.最后王家用什么送的饺子?
8.为什么王家要提心吊胆地过日子?
9.最后,赵家真的抬缸来了吗?
10.学完这篇文章后,你怎么理解中国人的"礼尚往来"? 你觉得王家赵家的作法好不好?

七、思考讨论题：

请谈一谈你们国家的邻里关系。

阅读课文

送　礼

　　李奶奶住了大半辈子大杂院,忽然搬进这十几层的楼房,还真有点儿不习惯。别的不说,就说这邻居之间不来往,就把李奶奶给闷坏了。住大杂院的时候,有张奶奶、王大妈,还有马老奶奶,大家在一块儿每天有多少话说。可到了这儿,住了半年了,连邻居的面儿还没见过呢! 只听说402住的是一个个体户,403住的是什么电脑工程师,那404连楼长也说不清是干什么的。

俗话说:"远亲不如近邻",老这么下去可不行。李奶奶下了决心,一定要改变这种现状。大年初一,李奶奶把三十儿晚上包的饺子盛了两盘,端着出了门。东西虽然不多,可礼轻情义重啊!

她首先敲了敲402的门。突然从门里传来几声狗叫,惊得李奶奶差点儿把饺子掉在地上。门开了,"个体户"手里拿着"大哥大"走了出来。他看了李奶奶一眼,说:"我不买饺子。"

"小伙子,我也不卖饺子,我就住在401,过年了,送两盘饺子给你们尝尝。"

"哦,原来是邻居呀,您好您好……哎呀,这饺子我看就算了吧。我跟您说句实话吧,咱除了人肉馅儿的饺子没吃过,什么饺子都吃过了,您拿回去吧!"

"那给你爱人尝尝。"

"她? 她不吃就够胖的了,谢谢您了。"说完,门关上了。

李奶奶又敲了敲403的门,门开了一条缝儿,一副眼镜伸了出来,"您找谁?"

"我姓李,住401……。"

"李大妈,您过年好!""眼镜"赶紧打开了门,走了出来。

"您过年好,我包了几个饺子,想请你尝尝。"

"谢谢,谢谢,太谢谢您了!""眼镜"接过一盘饺子,忽然想起了什么,说:"您等一会儿啊。"他回屋去了,一会儿,他抱着一盆盛开的水仙花走了出来。他把花交给李奶奶说:"祝您身体健康,长命百岁,万事如意!"

"好,好,"李奶奶答应着,心里热乎乎的,觉得这花闻着好像特别香。

抱着这盆花和剩下的一盘饺子,李奶奶又敲了敲404的门……

一、根据文章内容回答问题:

1. 李奶奶以前住在哪儿? 她搬到楼房多长时间了?
2. 李奶奶搬到楼房后,最不习惯的是什么?
3. 李奶奶住了半年楼房,见过她的邻居吗?
4. 过年了,李奶奶决心做什么?
5. 402住的是什么人? 他把李奶奶当作什么人了?
6. "个体户"没要李奶奶的饺子,因为他爱人不喜欢吃饺子,对吗?
7. 403住的是什么人? 他接受李奶奶的饺子了吗?
8. "眼镜"送给李奶奶什么东西? 他对李奶奶说了什么话?
9. 为什么李奶奶觉得心里热乎乎的?

10. 李奶奶抱着花回屋了吗？她又做什么了？

二、续讲或续写李奶奶与404邻居的故事。

　　提示一：404也住着一位老奶奶，不过，她身体不好……
　　提示二：404开门出来一个小孩儿……
　　……

第十四课

课文　寻找[1]地平线[2]

　　客人走了以后,莉莉大声问爸爸和妈妈:"什么是地平线呀?"
　　妈妈一边收拾房间,一边问:"什么地平线不地平线的?"爸爸问:"你怎么想起来问这个?"莉莉说:"我听赵叔叔说,咱们家住得真高,从阳台[3]望出去,一定能望见地平线!"
　　当时赵叔叔随便[4]那么一说,爸爸并没注意。现在莉莉重又提起,爸爸来了兴致[5],拉着莉莉上了阳台。远处一眼看去,只能望见一片片的楼房,高高低低的。莉莉很不满意:"爸,哪儿是地平线呀?你指给我看呀!"妈妈也来到阳台上,随手一指:"哎呀,天边那儿的不就是嘛!"爸爸纠正[6]说:"那是天际[7]线,天际线可不是地平线。"莉莉问:"那什么是地平线呀?"爸爸只好回屋里查字典。查到了,他读出来:"向水平[8]方向望去,天跟地交界[9]的线。"

　　妈妈收拾完了,坐在沙发[10]上感叹[11]起来:"咳,咱们在农村的时候,天天眼里不都是地平线吗?"爸爸也回忆[12]起来了:"小麦[13]熟[14]了的时候,象一片金色的大海,那是多么美的景象啊!"莉莉急得双脚齐蹦:"我要地平线! 要地平线!"
　　爸爸飞快地过去打开电视:"这里常有!"可换了各种频道[15],都没有出现那样的镜头[16]。这一晚全家不看别的,专门等地平线的镜头,可电视里全是些没有自然味儿[17]的城市剧。莉莉直到上床的时候还在问:"地平线为什么躲[18]着我呀?"

星期天，爸爸妈妈带着莉莉出去，电梯[19]里的人问："去哪儿玩儿呀？"他们就让人家猜[20]。有的猜去游乐园，有的猜去动物园，有的猜去逛商店和吃麦当劳。他们只是得意[21]地摇头[22]。他们去了南郊[23]——谁也不当作[24]风景点[25]的地方。在那里，他们一家三口坐在田[26]边上，痛痛快快地欣赏[27]了既平常[28]又不平常的地平线。莉莉脸儿红红地回到家中，念念不忘[29]她看到的麦田、菜地、小河、树林、野草[30]……还有羊群和放羊[31]的哥哥。

（根据刘心武同名文章改写）

生 词 语

1. 寻找	（动）	xúnzhǎo	to look for
2. 地平线		dìpíngxiàn	horizon
3. 阳台	（名）	yángtái	balcony
4. 随便	（形）	suíbiàn	casual
5. 兴致	（名）	xìngzhì	interest
6. 纠正	（动）	jiūzhèng	to correct
7. 天际	（名）	tiānjì	horizon
8. 水平	（形）	shuǐpíng	horizonal
9. 交界		jiāojiè	have a common boundary
10. 沙发	（名）	shāfā	sofa
11. 感叹	（动）	gǎntàn	to sigh
12. 回忆	（动）	huíyì	to call to mind
13. 小麦	（名）	xiǎomài	wheat
14. 熟	（动）	shú	to ripe
15. 频道	（名）	píndào	channel
16. 镜头	（名）	jìngtóu	shot scene
17. 味儿	（名）	wèir	taste
18. 躲	（动）	duǒ	to avoid
19. 电梯	（名）	diàntī	lift
20. 猜	（动）	cāi	to guess
21. 得意		déyì	complacent
22. 摇头	（动）	yáotóu	to shake one's head
23. 南郊		nánjiāo	southern suburbs
24. 当作	（动）	dàngzuò	to regard
25. 风景点		fēngjǐngdiǎn	scenery spot
26. 田	（名）	tián	field
27. 欣赏	（动）	xīnshǎng	to enjoy

28. 平常	（形）	píngcháng	normal
29. 念念不忘		niànniànbúwàng	always keep in mind
30. 野草	（名）	yěcǎo	wild grass
31. 放羊		fàngyáng	to put out to pasture

词 语 例 释

一、什么地平线不地平线的。
　　"什么……不……的"表示满不在乎。
　　例：1. 甲：你帮我大忙了，我该付你多少钱？
　　　　　乙：～钱～钱～，一点小事嘛。
　　　　2. 甲：真是麻烦你了。
　　　　　乙：～麻烦～麻烦～，朋友之间应该互相帮助嘛。

二、当时赵叔叔随便那么一说。
　　"随便"表示不在范围、数量方面加以限制，怎么方便怎么做。
　　例：1. 我们宿舍屋子小，你们～坐，坐在床上也可以。
　　　　2. 这次是去参加面试，穿衣服不能太～了。
　　　　3. 甲：你想吃点儿什么？
　　　　　乙：～。

三、爸爸并没注意。
　　"并"是副词，用在否定词前面加强否定的语气，略带反驳的意味。
　　例：1. 虽然我去过那儿，可是我对那儿的情况～不了解。
　　　　2. 我～不想去，可是为了陪他，我就去一次吧。
　　　　3. 这里～没有你说的这个人，你是不是记错了？

四、天边那儿的不就是嘛。
　　"不是……嘛"是个反问句式，加上"就"语气更强，表示"就是……"。
　　例：1. 咱们～小学同学～，你怎么连我都不认识了？
　　　　2. 他今天～感冒了～，当然不能来了。
　　　　3. 这个房间对面不就是办公室～，你怎么没看见？

五、谁也不当作风景点。
　　这里的"谁"是指任何人，所有的人。"谁也不/没"表示"没有人……"。
　　例：1. 谁也不知道他到哪儿去了。
　　　　2. 谁也没去过那个地方。
　　　　3. 谁也没想应该怎么办。

六、痛痛快快地欣赏了既平常又不平常的地平线。
　　"痛痛快快"表示尽兴。

例：1.今天没事,我在房间里~地睡到中午才起来。
2.星期天我们到游乐园~玩儿了一天。
3.和男朋友分手以后,她回到家关上门一个人~地哭了一场。

练　　习

一、搭配合适的词组：
收拾_____　　　　随便地_____
打开_____　　　　飞快地_____
纠正_____　　　　得意地_____
欣赏_____　　　　痛痛快快地_____

二、用适当的词填空：
爸爸飞快地过去_____电视："这里常有！"可换了各种_____,都没有出现那样的_____。这一晚全家不看别的,_____等地平线的_____,可电视里全是些没有自然味儿的城市剧。莉莉直到上床的时候还在问："地平线为什么_____着我呀？"

三、根据意思写生词：
1.(　　)不加限制,怎么方便就怎么做。
2.(　　)观察美好的事物,享受其中的趣味。
3.(　　)普遍,一般,不特别。
4.(　　)比较漂亮的可以旅游的地方。
5.(　　)常常想起、提起,不能忘记。

四、完成句子：
1.这里的菜都很好吃,_____。(随便)
2.王老师已经七十多岁了,可是_____。(并不)
3.原来我们打算今天去爬山,没想到下雨了,_____。(只好)
4.昨天我在街上认错了人,_____。(当作)

五、用带点的词语模仿造句：
1.我爸爸常常说："什么老不老的,我最不喜欢听这样的话了。"

2.昨天我的朋友给我打来了电话,当时我正在看电视。

3.你不是去过上海吗？怎么不知道那儿的情况呢？

4.晚会开得太热闹了,谁也不想离开。

5.周末我可要痛痛快快地玩一天。

六、根据课文回答问题：
　　1.妈妈听了莉莉的问题说了什么？
　　2.爸爸听了莉莉的问题做了什么？
　　3.莉莉的爸爸妈妈什么时候看过地平线？他们觉得怎么样？
　　4.爸爸为什么打开电视？结果怎么样？
　　5.星期天大家猜莉莉一家要去什么地方？其实呢？
　　6.莉莉星期天过得高兴吗？

七、写作练习：
　　《莉莉的一天》(400～600字)

八、思考练习题：
　　你觉得在现代的生活中，有什么东西是应该保持而被忽视的？

阅读课文

母亲不再寄鞋

　　我是穿着母亲做的布鞋长大的。忘不了在山村低矮的茅屋里，寂寞的窗下，母亲哼着山村歌谣，拉着长长的麻线，纳着厚厚的鞋底。

　　大学四年，母亲总是一年寄两双。

　　后来我工作了，母亲仍是一年寄两双。

　　谈恋爱那阵，我对那位女孩子即现在的妻子说："我平常穿布鞋。"她说："布鞋好，既结实又舒适。"我笑了，她也笑了。她是研究美学的，说布鞋能体现质朴的美憨实的美，不仅是人品的象征，还是个性的写照。经她这么一描绘，穿布鞋倒成了一种高雅和伟大。

　　想不到婚后第三天，她就从皮箱里拿出一双皮鞋来："试试，合适不？"我就试了。起初不习惯，但时间一长，在美学妻子的驯化下，倒把布鞋忘了。渐渐地，布鞋被默默地扔到了床底旮旯里。

　　而母亲的鞋依然寄来，中秋一双，春节一双。每次接到包裹通知单，到邮局取鞋的时候，我心底总有一种难言的感情在蠕动，仿佛看到颤巍巍的老母亲正坐在黄昏的门口目不转睛地等着我……

　　几年前的春天，接母亲来住。母亲看到我脚上的皮鞋，想说什么又没有说，长长叹了一口气。我听她问过小女儿："我给你爸爸做的那些鞋呢？"女儿告诉她爸爸从来不穿的。那晚，妻子做了好多母亲爱吃的菜，但母亲没吃多少，早早地睡了。

　　第二天逛公园，公园里的风景没有引起山里来的母亲的兴趣，她只是盯着人家的脚。我了解母亲的心情，知道母亲在想什么。

回来后,母亲终于说:"我年纪大了,手也不灵便了,以后我就不做鞋了……"从此以后,母亲便真的没有再寄鞋来。

根据文章回答问题:
1. "我"的母亲是怎样为"我"做布鞋的?
2. 谈恋爱的时候,女朋友对布鞋有什么看法?
3. 结婚后"我"还穿布鞋吗?为什么?
4. 母亲还给"我"做布鞋吗?"我"的心里有什么感觉?
5. 母亲看"我"时知道了什么?
6. 母亲心情怎么样?表现在哪些地方?
7. 母亲最后有什么决定?
8. 请说说你读了这篇文章后的感想。

第十五课

课文　仙鹤¹的故乡

目前,世界上的许多国家都在大力建设自然保护区²,就是把动物种类³丰富的地区封⁴起来,以减少⁵外部⁶世界对这一地区的干扰⁷和破坏⁸,给动物提供一个安全的繁衍生息⁹的地方,也就是给动物一个家。

中国作为野生动物¹⁰种类最多的国家之一,从五十年代起就开始陆续¹¹建立各种类型¹²的保护区。扎龙自然保护区就是其中比较著名的一个。

扎龙自然保护区位于¹³中国东北黑龙江省齐齐哈尔市东南二十公里处,建立于一九七九年。这个地区主要保护的珍稀¹⁴动物是以丹顶鹤为主的各种鹤群。丹顶鹤是一个濒危¹⁵的物种,目前世界上只有一千二百多只,而中国就有六百只左右。保护区的工作人员经过几十年的努力,对一群相对¹⁶固定¹⁷的鹤群进行了长期的观察和研究,为更好地了解和保护鹤类积累¹⁸了大量资料¹⁹。现在这个鹤群共有鹤二百多只,它们在每年的繁殖²⁰季节都到这里来产卵²¹繁殖。冬天到来之前鹤群飞往比较温暖的南方,到第二年春天又回到扎龙这个故乡。保护区周围居住的人们对丹顶鹤十分喜爱,把它们看成是自己的朋友。每年鹤群南飞时都会有一些伤鹤、病鹤掉队²²,看到的人都会主动²³把它们收养²⁴起来,然后送回保护区。

扎龙自然保护区不仅²⁵有很多丹顶鹤,而且还生存²⁶着一些其他²⁷鹤种,全世界现存²⁸的十五种鹤中,扎龙就有六种。近年来,科学工作者在国际鹤类基金会²⁹的协助³⁰下,又新增添³¹了中国缺少的几种鹤类。这样,扎龙就成为世界上鹤类最齐全³²的基地[33]，成为名副其实[14]的"仙鹤的故乡"。

生 词 语

1. 仙鹤	（名）	xiānhè		red-crowned crane
2. 自然保护区		zìrán bǎohùqū		National Reserve
3. 种类	（名）	zhǒnglèi		kind; type
4. 封	（动）	fēng		to seal
5. 减少	（动）	jiǎnshǎo		to decrease
6. 外部	（名）	wàibù		external; outside
7. 干扰	（动）	gānrǎo		to disturb
8. 破坏	（动）	pòhuài		to destroy
9. 繁衍生息		fányǎn shēngxī		to grow and increase in number
10. 野生动物		yěshēng dòngwù		wild animal
11. 陆续	（副）	lùxù		one after another
12. 类型	（名）	lèixíng		kind; type
13. 位于	（动）	wèiyú		lie in
14. 珍稀	（形）	zhēnxī		valuable and rare
15. 濒危	（动）	bīnwēi		be in imminent danger
16. 相对	（副）	xiāngduì		relative
17. 固定	（形）	gùdìng		fixed; regular
18. 积累	（动）	jīlěi		to accumulate
19. 资料	（名）	zīliào		data
20. 繁殖	（动）	fánzhí		to breed
21. 产卵	（动）	chǎnluǎn		to lay eggs
22. 掉队	（动）	diàoduì		to fall behind
23. 主动	（形）	zhǔdòng		initiative
24. 收养	（动）	shōuyǎng		to take in and bring up
25. 不仅……而且	（连）	bùjǐn…érqiě		not only…but also
26. 生存	（动）	shēngcún		to exist
27. 其他	（代）	qítā		other
28. 现存	（动）	xiàncún		to extant
29. 基金会	（名）	jījīnhuì		foundation
30. 协助	（动）	xiézhù		to assist
31. 增添	（动）	zēngtiān		to increase
32. 齐全	（形）	qíquán		complete

33. 基地　　　　（名）　　jīdì　　　　　　base
34. 名副其实　　　　　　　míngfùqíshí　　be worthy of the name

词语例释

一、以减少外部世界对这一地区的干扰和破坏
　　"以"用来引导一个表示目的的小句。
　　例：1. 这个季节里要注意衣服的增减，～防止感冒。
　　　　2. 工厂制定了废水治理的条例，～保护环境。
　　　　3. 这个办公室配备了电脑～提高办公效率。

二、中国作为野生动物种类最多的国家之一
　　"……之一"表示其中的一个。
　　例：1. 这个牌子的产品是最受欢迎的商品～。
　　　　2. 这次只有十个人考上了那所大学，他是其中～。
　　　　3. 只要有百分～的希望也要付出百分之百的努力。

三、扎龙自然保护区位于中国东北黑龙江省齐齐哈尔市东南二十公里处
　　"位于"表示位置处在。
　　例：1. 中国～亚洲的东部，太平洋的西岸。
　　　　2. 我的家～东城区，护城河以东。
　　　　3. 那家炼油厂～城外以西50公里处。

四、这个地区主要保护的珍稀动物是以丹顶鹤为主的各种鹤群
　　"以……为"表示"把……看作……"。
　　例：1. 普通话的发音是～北京音～标准音的。
　　　　2. 这座城市～火车站～中心，兴建了许多广场花园。
　　　　3. 这部电影是～同名小说～基础改编的。

五、扎龙自然保护区不仅有很多丹顶鹤
　　"不仅"表示"不但"义，后面常与"而且、还"相呼应。
　　例：1. 这次工作～完成得快，而且完成得好。
　　　　2. 这次回国，我～买了很多书，还买了很多音像资料。
　　　　3. 他～跑完了全程，还获得了第二名。

六、科学工作者在国际鹤类基金会的协助下
　　"在…下"，表示在某种条件或情况下。
　　例：1. ～老师的帮助～，他很快学会了书写汉字。
　　　　2. ～父母的支持～，他报名参加了这次歌唱比赛。
　　　　3. ～他的影响～，我也养成了早起的习惯。

七、成为名副其实的"仙鹤的故乡"。

"名副其实"指名称或名声与实际相符合,也说"名符其实"。

1. 他对中国的历史文化风俗等各个方面都有很深的了解,真是个~的汉学家。
2. 他认得的汉字简直是太多了,说他是活字典真是~。
3. 这家工厂在厂区种植了多种花草树木,每到春天,这里花木茂盛,绿草遍地,成了~的"花园工厂"。

练 习

一、用合适的词进行搭配：

减少_____ 提供_____ 建立_____ 保护_____ 破坏_____

进行_____ 积累_____ 主动_____ 大力_____ 收养_____

二、用适当的词填空：

保护区的工作人员经过几十年的努力,对一群相对_____的鹤群进行了长期的_____和_____,为更好地了解和保护鹤类_____了大量资料。……保护区周围居住的人们对丹顶鹤十分_____,把它们_____自己的朋友。每年鹤群南飞时都会有一些伤鹤、病鹤_____,看到的人都会_____把它们_____起来,然后送回保护区。

三、根据意思写出填上适当的词语：

1.(）人们为野生动物们建立的自然动物园。
2.(）一代一代生长、生育。
3.(）珍贵的少有的动物。
4.(）因为生病等原因没有跟上同伴。
5.(）慢慢地增多。
6.(）科学研究材料。

四、完成句子：

1. _____,请给我们介绍一下吧。(对……)
2. _____,而且还会说法语和日语。(不仅)
3. 那个风景点离这儿不远,_____。(位于)
4. 他多次在长跑比赛中获得第一名,_____。(名副其实)

五、用带点的词模仿造句：

1. 目前这个城市的主要问题是提高市民的环保意识。

2. 你有事就呼他吧,他有无线寻呼机,也就是BP机。

3. 华美公司是全市固定资产最多的公司之一。

4. 我们就以他的意见为参考,做一个计划吧。

5. 在同屋的照顾下，我的病很快就好了。

6. 我得托邻居照顾一下孩子，这样才有时间去办手续。

六、根据课文回答问题：
1. 自然保护区是做什么用的？
2. 中国在保护野生动物方面有哪些行动？
3. 扎龙自然保护区是以保护什么动物为主的？
4. 保护区的工作人员做了一些什么工作？
5. 保护区周围的人对动物的态度怎么样？
6. 近年来，保护区的科学工作者还做了什么工作？

七、思考讨论题：
请谈一谈你最喜欢的动物。

阅读课文

大熊猫的乐园

被称为"大熊猫的乐园"的四川省宝兴县蜂桶寨，位于邛崃山西坡，与著名的卧龙自然保护区比邻，面积4万公顷。这里的大熊猫数量约占全国的五分之一，密度居全国首位，是中国少有的以保护大熊猫为主的自然保护区。

蜂桶寨因过去当地人在此放蜂而得名。这里的原始生态环境保存较好，南北延伸的高山深谷，在冰川时期成为古生物南北上下迁移的安全走廊和避难所，是我国也是世界古老生物种属保存最多最好的地区之一。这里气候温凉，有茂密的箭竹和各种树木，为大熊猫提供了良好的生存条件。现在，保护区里建起了宾馆、科研陈列室、驯养繁殖场、抢救室等，已有十几只病饿的大熊猫得到了及时的救治饲养，并重返山林。

蜂桶寨也是世界第一具大熊猫模式标本的产地，发现并向世界介绍中国大熊猫的这第一位外国人是法国的神甫、著名的生物学家戴维。1869年3月11日，戴维在返回教堂途中，在一户人家家里惊奇地发现了一张熊类兽皮，他以生物学家的敏锐判断：它可能成为科学上的一个有趣的新种。同年5月4日，戴维的猎手在山林中捕猎到一只大熊猫和6只金丝猴。后来，戴维将这只大熊猫的皮带回法国，顿时轰动了整个西方世界，认为它是动物中的活化石，由此掀起了第一次大熊猫热。宝兴县蜂桶寨也成为举世瞩目的大熊猫故乡。至今，戴维带出中国的大熊猫模式标本还在法国巴黎自然博物馆珍藏着。

大熊猫是中国的国宝，深受中国和世界人民的喜爱。这里的大熊猫曾有16只作为国礼馈赠给原苏联、朝鲜、墨西哥、日本、美、英、法、德等国,作为中国人民的友好使者,为促进中国和世界各国友好关系的发展做出了贡献。

回答问题:
  1. 被称为"大熊猫的乐园"的是什么保护区?在什么地方?
  2. 保护区里的大熊猫数量和密度各占全国的多少?
  3. 为什么这个地方叫"蜂桶寨"?环境怎样?
  4. 蜂桶寨的主要保护物种是什么时期的?
  5. 为什么这里会成为以保护大熊猫为主的自然保护区?
  6. 第一位发现并向世界介绍大熊猫的外国人是谁?
  7. 戴维是什么时候、怎样发现大熊猫的?
  8. 为什么大熊猫"轰动了整个西方世界"?
  9. 现在世界第一具大熊猫模式标本珍藏在什么地方?
  10. 这里的大熊猫曾作为国礼馈赠给哪些国家?

总词汇表

A

安详	（形）	ānxiáng	composed	12
按照	（动）	ànzhào	according to	10
暗自		ànzì	to oneself	12
懊悔	（动）	àohuǐ	to regret	12

B

白发苍苍		báifàcāngcāng	grey hair	12
白	（副）	bái	in vain	5
摆	（动）	bǎi	to arrange	12
拜年	（动）	bàinián	to pay a New Year call; to wish sb. a happy New Year	7
宝贝	（名）	bǎobèi	baby	1
保存	（动）	bǎocún	to preserve; to keep	7
悲哀	（形）	bēi'āi	sad	8
本来	（形）	běnlái	original	3
本人	（名）	běnrén	I(me, myself)	9
笨	（形）	bèn	dull	6
笔挺	（形）	bǐtǐng	well-ironed	2
必不可少		bìbùkěshǎo	absolutely necessarily	5
毕竟	（副）	bìjìng	after all	5
闭	（动）	bì	to shut	12
鞭炮	（名）	biānpào	firecracker	7
表达	（动）	biǎodá	to express	11
表明	（动）	biǎomíng	to make known	1
别墅	（名）	biéshù	villa	5
濒危	（动）	bīnwēi	to be in imminent danger	15
不好意思	（形）	bùhǎoyìsi	to feel embarrassed	6
不仅……而且	（连）	bùjǐn…érqiě	not only…but also	15
不禁	（副）	bùjīn	can't help(doing sth.)	10

不可缺少		bùkěquēshǎo	can't lack	12
不肯		bùkěn	not agree	10
不忍心		bùrěnxīn	can not bear to	12
不约而同		bùyuē'értóng	to agree with one another without prior consultation	11
不再	（副）	búzài	never again	3
不知不觉		bùzhībùjué	unconsciously	9

C

猜	（动）	cāi	to guess	14
采购	（动）	cǎigòu	purchase	7
曾经	（副）	céngjīng	once; formerly	6
察觉	（动）	chájué	to discover	11
差点儿		chàdiǎnr	almost; nearly	10
产卵	（动）	chǎnluǎn	to lay eggs	15
场合	（名）	chǎnghé	occasion	6
潮流	（名）	cháoliú	tidal current	2
车次	（名）	chēcì	(bus)number	3
车辆	（名）	chēliàng	vehicle	3
彻底	（形）	chèdǐ	thorough(ly)	7
沉默	（名、动）	chénmò	silence	11
称心如意		chènxīnrúyì	to find sth. satisfactory	1
成为	（动）	chéngwéi	become	3
翅膀	（名）	chìbǎng	wing	4
重复	（动）	chóngfù	to repeat	11
臭	（形）	chòu	(of skill)not up to standard;poor	12
出差	（动）	chūchāi	to be away on official business	10
出门		chūmén	to go out; to be away from home	3
出席	（动）	chūxí	to attend; to be present	6
除夕	（名）	chúxī	New Year's Eve	7
厨师	（名）	chúshī	cook	4
传统	（形）	chuántǒng	traditional	1
床沿	（名）	chuángyán	bedside	10
春联	（名）	chūnlián	Spring Festival couplet	7
葱段		cōngduàn	part of onion	4

D

打断	（动）	dǎduàn	to interrupt	6
打扫	（动）	dǎsǎo	to sweep; to clean	7
大方	（形）	dàfang	generous	9
大型	（形）	dàxíng	large-scale	5
呆	（形）	dāi	dull-looking; slow-witted	6
代号	（名）	dàihào	code name	1
担忧	（动）	dānyōu	to worry	8
淡淡	（形）	dàndàn	light; pale	10
当	（动）	dāng	to be	1
当时	（名）	dāngshí	at that time	10
当作	（动）	dàngzuò	to regard	14
得意		déyì	complacent	14
登记表	（名）	dēngjìbiǎo	register	9
地平线		dìpíngxiàn	horizon	14
地铁	（名）	dìtiě	underground railway; subway	3
递	（动）	dì	handover; give	9
点(数)	（动）	diǎn(shù)	to count	11
电梯	（名）	diàntī	lift	14
掉队	（动）	diàoduì	to fall behind	15
叮嘱	（动）	dīngzhǔ	to urge again and again	10
盯	（动）	dīng	to glare; to watch	8
动不动		dòngbudòng	easily freauently	5
动静	（名）	dòngjing	movement; activity	13
端正	（形）	duānzhèng	upright	8
端	（动）	duān	to hold sth.	13
对门	（名）	duìmén	building or room opposite	13
顿	（量）	dùn	(measure word of meal)	4
哆嗦	（动）	duōsuo	to tremble; shiver	13
躲	（动）	duǒ	to avoid	14

E

儿媳	（名）	érxí	daughter-in-law	1

F

发硬		fāyìng	to be stiff	6
番	（量）	fān	(for action which take time or effort)	5

翻来覆去		fānláifùqù	again and again	2
翻箱倒柜		fānxiāngdǎoguì	to ransack box and chest	13
烦恼	(形)	fánnǎo	worry	11
繁衍生息		fányǎnshēngxī	to grow and increase in number	15
繁殖	(动)	fánzhí	to breed	15
反而	(副)	fǎn'ér	on the contrary	7
反正	(副)	fǎnzheng	anyway	5
犯(错)	(动)	fàn(cuò)	to commit(a mistake, crime, etc.)	11
方式	(名)	fāngshì	way; pattern	11
放不下		fàngbúxià	can't put aside	8
放学	(动)	fàngxué	classes are over	3
放羊		fàngyáng	to put out to pasture	14
费劲	(形)	fèijìn	need or use great effort	13
分手	(动)	fēnshǒu	to say good-bye	9
丰盛	(形)	fēngshèng	rich; sumptuous	7
风景点		fēngjǐngdiǎn	scenery spot	14
封	(动)	fēng	to seal	15
伏	(动)	fú	to bend over	10
服气	(形)	fúqì	to be convinced	2
符合	(动)	fúhé	to accord with	9

G

改善	(动)	gǎishàn	to improve	7
干脆	(副)	gāncuì	simply	8
干扰	(动)	gānrǎo	to disturb	15
尴尬	(形)	gāngà	awkward; embarrassed	6
赶忙	(副)	gǎnmáng	quickly	10
感叹	(动)	gǎntàn	to sigh	14
缸	(名)	gāng	vat; jar	13
高档	(名)	gāodàng	of top grade quality	5
高攀	(动)	gāopān	to make friends or claim ties of kinship with someone of a higher social position	9
隔	(动)	gé	at a distance from	13
更加	(副)	gèngjiā	more; even more	3
工薪阶层		gōngxīnjiēcéng	salary man	5

工作人员		gōngzuòrényuán	staff member	9
公司	(名)	gōngsī	company	9
功课	(名)	gōngkè	homework; schoolwork	8
功能	(名)	gōngnéng	function	6
咕噜		gūlu	to murmur	12
谷	(名)	gǔ	grain	4
股	(量)	gǔ	as tream of	2
骨头	(名)	gǔtou	bone	4
鼓劲	(动)	gǔjìn	to pluck up	6
固定	(形)	gùdìng	fixed, regular	15
关系	(名)	guānxi	relation	13
观察	(动)	guānchá	to watch	2
逛	(动)	guàng	to stroll	5
过时	(形)	guòshí	out of fashion	2

H

哈欠	(名)	hāqian	yawn	10
海碗	(名)	hǎiwǎn	a very big bowl	13
好处	(名)	hǎochù	good; advantage; benefits	3
好在	(副)	hǎozài	luckily	12
红火	(形)	hónghuo	prosperous	1
忽然	(副)	hūrán	suddenly	2
画展	(名)	huàzhǎn	art exhibition	9
怀	(动)	huái	to cherish	9
环境	(名)	huánjìng	environment	3
黄昏	(名)	huánghūn	dusk	10
灰	(形)	huī	grey	2
回忆	(动)	huíyì	to call to mind	14
悔棋	(动)	huǐqí	to regret a false move in a chess game	12
会议	(名)	huìyì	meeting	6
婚姻	(名)	hūnyīn	marriage	9

J

积累	(动)	jīlěi	to accumulate	15
基地	(名)	jīdì	base	15
基金会	(名)	jījīnhuì	foundation	15

几乎	(副)	jīhū	nearly; almost	7
急忙	(副)	jímáng	in a hurry	12
技术员	(名)	jìshùyuán	technician	9
既然	(连)	jìrán	now that	5
既……又		jì…yòu	both…and; as well as	4
夹	(动)	jiā	to pick up	4
家长	(名)	jiāzhǎng	the parent or guardian of a child	11
家具	(名)	jiājù	furniture	7
家庭主妇		jiātíngzhǔfù	housewife	5
家务	(名)	jiāwù	housework	8
家乡	(名)	jiāxiāng	hometown	6
坚持	(动)	jiānchí	to insist	1
坚决	(形)	jiānjué	firm(ly); resolute(ly)	13
剪	(动)	jiǎn	to cut with scissors	
减价		jiǎnjià	to reduce prices	5
减少	(动)	jiǎnshǎo	to decrease	15
见得		jiàndé	to seem; to appear	5
建议	(动、名)	jiànyì	to suggest; suggestion	1
讲究	(名)	jiǎngjiū	careful study	4
交界	(动)	jiāojiè	to have a common boundary	14
交流	(动)	jiāoliú	to exchange	7
交通	(名)	jiāotōng	traffic; communication	3
浇	(动)	jiāo	to water	10
骄傲	(形)	jiāo'ào	proud	11
焦	(形)	jiāo	burnt	4
角落	(名)	jiǎoluò	corner	12
结束	(动)	jiéshù	to end; to finish	7
介绍所	(名)	jièshàosuǒ	the place of introduction	9
津津有味		jīnjīnyǒuwèi	with great interest	8
紧握		jǐnwò	to hold tightly	10
锦标赛	(名)	jǐnbiāosài	championship contest	8
经理	(名)	jīnglǐ	manager	5
经营	(动)	jīngyíng	to run (a business); to manage	4
惊喜	(动)	jīngxǐ	a pleasant surprise	11
惊	(动)	jīng	to be surprised; to disturb	10
精力	(名)	jīnglì	energy	7

103

精品	（名）	jīngpǐn	perfect thing	5
精神	（形）	jīngshen	lively	2
镜头	（名）	jìngtóu	shot scene	14
镜子	（名）	jìngzi	mirror	2
纠正	（动）	jiūzhèng	to correct	14
剧情	（名）	jùqíng	the story of a play	8
聚精会神		jùjīnghuìshén	to concentrate one's attention	8
卷	（动）	juǎn	to roll	4
决心	（名）	juéxīn	determination	9

K

开心	（形）	kāixīn	to feel happy; to rejoice	7
考虑	（动）	kǎolǜ	to think over	3
口舌	（名）	kǒushé	mouth and tongue	6
酷爱	（动）	kù'ài	ardently love	12
筷子	（名）	kuàizi	chopsticks	4

L

落	（动）	là	to loss	8
来而不往非礼也		lái'érbùwǎngfēilǐyě	It is impolite not to reciprocate; one should return as good as one receive	13
老百姓	（名）	lǎobǎixìng	common people	3
老伴	（名）	lǎobànr	(of an old married couple) husband or wife	1
乐趣	（名）	lèqù	joy	5
类型	（名）	lèixíng	kind, type	15
愣	（形）	lèng	distracted; blank	10
冷清	（形）	lěngqīng	cold and cheerless	12
梨	（名）	lí	pear	4
礼	（名）	lǐ	courtesy; manners	13
礼服	（名）	lǐfú	ceremonial rob or dress	9
礼貌	（名）	lǐmào	politeness; manners	9
礼尚往来		lǐshàngwǎnglái	courtesy demands reciprocity; deal with a man as he deals with you	13
理想	（形）	lǐxiǎng	ideal	4
厉害	（形）	lìhai	terrible; formidable	1

连续剧	（名）	liánxùjù	serial	8
联络	（动）	liánluò	to get in touch with	7
两口子	（名）	liǎngkǒuzi	husband and wife	13
聊天	（动）	liáotiān	to chat	2
料理	（动）	liàolǐ	to arrange	5
列车	（名）	lièchē	train	6
邻居	（名）	línjū	neighbour	2
临	（副）	lín	just before	9
淋	（动）	lín	to pour; to drench	3
铃	（名）	líng	bell	11
流传	（动）	liúchuán	to spread; to hand down	7
炉	（名）	lú	stove	4
陆续	（副）	lùxù	one after another	15
路过	（动）	lùguò	to pass by	12
路口	（名）	lùkǒu	crossing	2
铝锅	（名）	lǚguō	a pot made of alumina	13

M

麻木	（形）	mámù	numb; insensitive	10
马虎	（形）	mǎhu	careless	1
忙碌	（形）	mánglù	busy	8
弥漫	（动）	mímàn	to spread all over the place	10
面红耳赤		miànhóng'ěrchì	red in the face	12
名副其实		míngfùqíshí	be worthy of the name	15
名气	（名）	míngqì	fame	4
茉莉	（名）	mòlì	jasmine	10
莫名其妙		mòmíngqímiào	be baffled	10
默默		mòmò	quietly; silently	9

N

南郊		nánjiāo	southern suburbs	14
难怪	（动）	nánguài	no wonder	8
嫩	（形）	nèn	tender	4
腻	（形）	nì	greasy; oily	4
念念不忘		niànniànbúwàng	always keep in mind	14
宁愿	（副）	nìngyuàn	would rather	8
浓	（形）	nóng	strong	1

| 女强人 | （名） | nǚqiángrén | competent woman | 9 |
| 糯米酒 | （名） | nuòmǐjiǔ | alcohol made of polished glutinous rice | 13 |

P

牌子	（名）	páizi	a notice board	6
盘	（量）	pán	(measure word for game of chess)	12
陪床	（名）	péichuáng	a bed for look after a patient	10
陪	（动）	péi	to accompany	12
皮夹克	（名）	píjiākè	leather jacket	2
片	（动）	piàn	to slice	4
频道	（名）	píndào	channel	14
平常	（形）	píngcháng	normal	14
平时	（名）	píngshí	usually	3
屏幕	（名）	píngmù	(TV)screen	8
破坏	（动）	pòhuài	to destroy	15
普通话	（名）	pǔtōnghuà	common speech (of chinese language)	6
普通	（形）	pǔtōng	ordinary; common	3

Q

七嘴八舌		qīzuǐbāshé	with everybody trying to get a word	11
欺负	（动）	qīfu	to bully	8
齐全	（形）	qíquán	complete	15
其次	（副）	qícì	next; secondly	7
其实	（副）	qíshí	actually; infact	9
其他	（代）	qítā	other	15
棋	（名）	qí	chess	12
棋盘	（名）	qípán	chessboard	12
棋子	（名）	qízǐ	piece(in a board game)	12
起名		qǐmíng	to give a name	1
前程	（名）	qiánchéng	future	1
敲	（动）	qiāo	to knock	13
憔悴	（形）	qiáocuì	wan and sallow	10
悄悄	（副）	qiāoqiāo	quietly	10
亲戚	（名）	qīnqi	relative	7

亲切	（形）	qīnqiè	kind; cordial	9
亲手	（副）	qīnshǒu	with one's own hand	9
轻手轻脚		qīngshǒuqīngjiǎo	gently; softly	10
轻松	（形）	qīngsōng	relaxed	8
清香	（名）	qīngxiāng	faintscent	10
清新	（形）	qīngxīn	pure and fresh	10
情景	（名）	qíngjǐng	scene; sight	10
情书	（名）	qíngshū	love letter	9
情绪	（名）	qíngxù	mood	11
请教	（动）	qǐngjiào	to ask for a dvice	2
趋势	（名）	qūshì	trend	5
娶	（动）	qǔ	to marry (a woman); to take to wife	9
权力	（名）	quánlì	right	8
缺少	（动）	quēshǎo	to lack; to have a shortage of	1
却	（副）	què	but	1
确实	（副）	quèshí	really; indeed	9

R

燃料	（名）	ránliào	fuel	4
人家	（代）	rénjia	other people	13
人流	（名）	rénliú	stream of people	2
忍不住		rěnbúzhù	can't help	6
认输	（动）	rènshū	to admit defeat	12
扔	（动）	rēng	to throw	8
揉	（动）	róu	to rub; to knead	10

S

塞车		sāichē	traffic jam	3
三轮车	（名）	sānlúnchē	pedicab	2
嗓子	（名）	sǎngzi	throat	12
沙发	（名）	shāfā	sofa	14
商量	（动）	shāngliang	to discuss	1
上瘾		shàngyǐn	to get into the habit	8
设计	（动）	shèjì	to design	9
社交	（名）	shèjiāo	social intercourse	6
伸	（动）	shēn	to stretch	9

身份证	（名）	shēnfènzhèng	ID card	11
甚至	（连）	shènzhì	even	3
升	（动）	shēng	to rise	11
生存	（动）	shēngcún	to exist	15
生人	（名）	shēngrén	stranger	6
生	（动）	shēng	to give birth to	1
失去	（动）	shīqù	to lose	6
失望	（形）	shīwàng	disappointed	9
湿	（形）	shī	wet	3
时刻	（名）	shíkè	always	5
时髦	（形）	shímáo	fashionable	1
实行	（动）	shíxíng	to institute	8
事业	（名）	shìyè	cause; undertakeing	9
收拾	（动）	shōushi	to put in order; to tidy; to clear away	7
收养	（动）	shōuyǎng	to take in and bring up	15
手提包	（名）	shǒutíbāo	handbag	9
守	（动）	shǒu	to keep watch	12
首先	（副）	shǒuxiān	first; first of all	7
受苦	（动）	shòukǔ	to suffer; to have a rough time	3
舒畅	（形）	shūchàng	happy	4
蔬菜	（名）	shūcài	vegetable	5
熟	（动）	shú	to ripe	14
数量	（名）	shùliàng	quantity; amount	3
水平	（形）	shuǐpíng	horizonal	14
顺眼	（形）	shùnyǎn	pleasing to the eye	2
说服	（动）	shuōfú	to persuade	1
私人	（名）	sīrén	personal; private	3
思路	（名）	sīlù	train of thought	6
送葬	（动）	sòngzàng	to take part in a funeral procession	13
酥脆	（形）	sūcuì	crisp	4
俗话	（名）	súhuà	common saying	5
算了		suànle	let it be	13
虽说	（连）	suīshuō	though; although	3
随便	（形）	suíbiàn	casual	7
随手	（副）	suíshǒu	conveniently	10

| 随着 | （介） | suízhe | along with | 11 |
| 孙女 | （名） | sūnnǚ | granddaughter | 1 |

T

贪	（动）	tān	to have an insatiable desire for	13
谈恋爱		tánliàn'ài	to be in love	6
叹气	（动）	tànqì	to sigh	12
汤盆	（名）	tāngpén	soup bowl	13
桃	（名）	táo	peach	4
讨价还价		tǎojiàhuánjià	to bargain over the price	5
套	（量）	tào	a suit	2
套装	（名）	tàozhuāng	suit	9
特制		tèzhì	specially made (for specific purpose or by special process)	4
提供	（动）	tígōng	to provide	3
提心吊胆	（成）	tíxīndiàodǎn	to have one's heart in one's mouth; to be on tenterhooks	13
体贴	（动）	tǐtiē	to be full of thought for	11
体育	（名）	tǐyù	sports	8
天际	（名）	tiānjì	horizon	14
天真	（形）	tiānzhēn	innocent	12
田	（名）	tián	field	14
填	（动）	tián	to write; to fill in	9
条件	（名）	tiáojiàn	requirement	9
同情	（动）	tóngqíng	to sympathize with	9
同事	（名）	tóngshì	colleague	2
投入	（动）	tóurù	to put in to	9
团圆	（动）	tuányuán	to reunite	7
退休	（动）	tuìxiū	to retire	5
妥协	（动）	tuǒxié	to compromise	12

W

外部	（名）	wàibù	external, outside	15
外婆	（名）	wàipó	grandmother	11
弯	（动）	wān	to bend; to flex	13
晚会	（名）	wǎnhuì	party	11
位于	（动）	wèiyú	to lie in	15

味道	（名）	wèidao	feeling		1
味儿	（名）	wèir	taste		14
温暖	（形）	wēnnuǎn	warm		9
问候	（动）	wènhòu	to extend greetings to		7
污染	（名）	wūrǎn	pollution		3
物美价廉		wùměijiàlián	perfect goods with low price		5

X

西瓜	（名）	xīguā	watermelon		4
吸烟		xīyān	to smoke		6
习俗	（名）	xísú	custom		7
仙鹤	（名）	xiānhè	red-crowned crane		15
先后	（副）	xiānhòu	early or late		13
贤妻良母		xiánqīliángmǔ	virtuous wife		1
显得		xiǎnde	seem		12
现场	（名）	xiànchǎng	site; spot		8
现存	（动）	xiàncún	extant		15
线路	（名）	xiànlù	line; route		3
相处	（动）	xiāngchǔ	to get along with		6
相对	（副）	xiāngduì	relative		15
响	（动）	xiǎng	to ring		11
消失	（动）	xiāoshī	to disappear		7
小贩	（名）	xiǎofàn	pedlar		5
小麦	（名）	xiǎomài	wheat		14
小气	（形）	xiǎoqi	petty		5
小叔子	（名）	xiǎoshūzi	husband's younger brother		1
小摊	（名）	xiǎotān	stall		5
笑话	（动）	xiàohua	to laugh at		5
笑眯眯		xiàomīmī	smilingly		12
协助	（动）	xiézhù	to assist		15
心思	（名）	xīnsi	idea		5
心疼	（动）	xīnténg	to love dearly		10
心愿	（名）	xīnyuàn	cherished desire		1
欣赏	（动）	xīnshǎng	to enjoy		14
新鲜	（形）	xīnxiān	fresh		5
信息	（名）	xìnxī	information; news		7

兴奋	(形)	xīngfèn	exciting	11
形成	(动)	xíngchéng	to form	4
兴致	(名)	xìngzhì	mood	6
醒	(动)	xǐng	to wake up; to be awake	10
修	(动)	xiū	to build	3
学问	(名)	xuéwen	knowledge	5
寻找	(动)	xúnzhǎo	to look for	14
迅速	(形)	xùnsù	rapid; swift	3

Y

鸭掌		yāzhǎng	duck's webs	4
咽	(动)	yàn	to swallow	10
阳光	(名)	yángguāng	sunlight	10
阳台	(名)	yángtái	balcony	14
腰	(名)	yāo	waist	13
邀请	(动)	yāoqǐng	to invite	6
摇头	(动)	yáotóu	to shake one's head	14
遥控器	(名)	yáokòngqì	remote controler	8
爷爷	(名)	yéye	grandfather	1
野草	(名)	yěcǎo	wild grass	14
野生动物		yěshēngdòngwù	wild animal	15
一本正经		yìběnzhèngjīng	in all seriousness	10
一面	(名)	yímiàn	one aspect	6
衣柜	(名)	yīguì	wardrobe	2
衣料	(名)	yīliào	material for clothing	2
依我看		yīwǒkàn	in my view	1
遗憾	(形)	yíhàn	regret	4
以为	(动)	yǐwéi	to think; to consider	13
阴历	(名)	yīnlì	lunar calendar	7
影子	(名)	yǐngzi	a glimps(of sb.)	6
邮递员	(名)	yóudìyuán	postman	9
游客	(名)	yóukè	tourist	4
有朝一日		yǒuzhāoyírì	someday; oneday	9
有的是	(动)	yǒudeshì	to have a lot of	11
有意	(动)	yǒuyì	be in dined	2
于是	(连)	yúshì	as a result	6

娱乐	（名）	yúlè	entertainment	8
雨衣	（名）	yǔyī	raincoat	3
预算	（名）	yùsuàn	budget	5
遇见	（动）	yùjiàn	to come across	2

Z

早点	（名）	zǎodiǎn	breakfast	10
则	（连）	zé	(indicating concession or contrast)	8
增添	（动）	zēngtiān	to increase	15
占用	（动）	zhànyòng	to take up	8
沾光		zhānguāng	to benefit from association with sb. or sth.	8
战胜	（动）	zhànshèng	to defeat	12
蘸	（动）	zhàn	to dip in(ink, sauce, etc.)	4
掌握	（动）	zhǎngwò	to hold	8
招待	（动）	zhāodài	to receive(quest); to entertain	7
照	（动）	zhào	to reflect	2
折磨	（动）	zhémó	to cause physical or mental suffering	8
珍贵	（形）	zhēnguì	precious	11
珍稀	（形）	zhēnxī	valuable and rare	15
争吵	（动）	zhēngchǎo	to quarrel	12
争强好胜		zhēngqiánghàoshèng	to seek to do others down	12
争执	（动）	zhēngzhí	to stick to one's position	8
睁	（动）	zhēng	to open(the eyes)	12
整齐	（形）	zhěngqí	tidy	12
正好	（形）	zhènghǎo	just(in time)	7
直	（副）	zhí	continuously	6
直播	（动）	zhíbō	to LIVE	8
只好	（副）	zhǐhǎo	have to	3
只要	（连）	zhǐyào	so long as	3
终于	（副）	zhōngyú	at last	2
种类	（名）	zhǒnglèi	kind; type	15
主动	（形）	zhǔdòng	initiative	15

主意	（名）	zhǔyi	idea	1
祝福	（名）	zhùfú	blessing; benediction	11
祝贺	（动）	zhùhè	to congradulate	11
专家	（名）	zhuānjiā	expert	3
专门	（形）	zhuānmén	special	2
专心	（形）	zhuānxīn	absorbed	12
专注	（动）	zhuānzhù	to be absorbed in	12
资料	（名）	zīliào	data	15
自然保护区		zìránbǎohùqū	National Reserve	15
自由	（形）	zìyóu	free	3
走亲访友		zǒuqīnfǎngyǒu	to visit relatives and friends	3

练习参考答案

第一课

二、1. 子 2. 髦 3. 服 4. 火 5. 见 6. 法
　　　媳　　间　　话　　色　　同　　见

三、1. 觉得 2. 希望 3. 商量 4. 建议 5. 坚持 6. 同意 7. 说服 8. 表明

四、1. 称心如意 2. 贤妻良母 3. 青出于蓝而胜于蓝 4. 时髦

第二课

二、1. huó 生活 2. qǐng 请客 3. guān 观众 4. wài 外国
　　　huà 说话　　qīng 清楚　　xiàn 现在　　chù 到处

三、1. 邻居 2. 同事 3. 请教 4. 过时 5. 有意 6. 翻来覆去

第三课

二、1. 班 2. 公共汽 3. 行 4. 交 5. 由 6. 遇
　　　学　　自行　　现　　普　　己　　迟
　　　课　　出租汽　　　　　　　　　　门

三、1. 方便 2. 淋 3. 普通 4. 考虑 5. 本来 6. 锻炼 7. 增加 8. 一般

四、1. 走亲访友 2. 堵车 3. 交通工具 4. 老百姓

第四课

二、1. 流传 2. 历史 3. 特别 4. 舒畅
　　　转车　　厉害　　坚持　　鸭汤

三、烤、片、放、留、拿、夹、蘸、蘸、放、卷

第五课

二、1. sú 风俗 2. cù 米醋 3. jiào 比较 4. duī 土堆 5. yù 预定
　　　yù 浴室　　cuò 错误　　xiào 学校　　zhǔn 准备　　xiàng 项目

三、1. 俗话 2. 必不可少 3. 价廉物美 4. 讨价还价 5. 小气

第六课

二、1. zhǎng 2. jué 3. hǎo 4. dà 5. huì 6. háng 7. biàn 8. liàng 9. wèi 10. chà
　　　cháng　　jiào　　hào　　dài　　kuài　　xíng　　pián　　liáng　　wéi　　chāi

三、锻炼——身体　　商量——事情

114

出席——会议　　表明——看法
提供——方便　　失去——功能
增加——线路　　打断——思路
发展——经济　　解决——问题

四、1.普通话　2.家乡话　3.不好意思　4.场合　5.有口难言

第七课

二、1. zhēng　2. jī　3. shèng　4. zháo　5. dé　6. chuán　7. xiàng　8. yào　9. jià　10. hái
　　 zhèng 　 jǐ 　 chéng 　 zhe 　 děi 　 zhuàn 　 xiāng 　 yāo 　 jiǎ 　 huán

三、1.春联　2.假　3.年　4.地　5.窗户　6.家具　7.菜饭　8.亲友　9.年
　　10.朋友(客人)　11.房间　12.亲 好 聚 问候问候 交流 联络

四、1.习俗　2.春节　3.走亲访友　4.美味佳肴　5.瓜果茶点

第八课

二、1. jiān　2. nán　3. zhòng　4. fā　5. luò　6. lè　7. gān　8. jiào　9. bèi　10. kàn
　　 jiàn 　 nàn 　 chóng 　 fà 　 là 　 yuè 　 gàn 　 jiāo 　 bēi 　 kān

三、忙碌　扔、端端正正、拿、盯　聚精会神
　　平时、特别、比如、宁愿、也

四、1.聚精会神　2.津津有味　3.上瘾　4.娱乐活动　5.沾光　6.放不下

第九课

二、1.还是　来说、有点儿　为　也
　　2.过去　下来　3.拿起　装进　走了出去
　　4.坐　身穿　等着

三、1.失望　2.小伙子　3.小气　4.早、5.热　6.以后　7.轻松　8.轻　9.嫁　10.弱

四、1.婚姻介绍所　2.女强人　3.有朝一日　4.日思夜想

第十课

二、1.打　2.握　3.指　4.推　5.插　6.浇　7.放　8.揉　9.流　10.拉　11.抬　12.伏
　　1.红红　2.慢慢　3.静静　4.悄悄　5.轻轻　6.淡淡　7.默默

三、1.莫名其妙　2.一本正经　3.出差　4.轻手轻脚　5.麻木

四、1.出来 回去　2.进来　3.起下 出去　4.开来　5.下来

第十一课

一、生日　情绪　感情　水平　错　名　行李　手

二、举 低　望 犯 沉默　升 问　才能

三、1.沉默　2.骄傲　3.影响　4.重复　5.珍贵　6.不约而同

第十二课
一、下棋 流泪 坐着 发笑 去世 走过去 下棋 非常漂亮 孩子 角落 老人
二、暗自 原来 争强好胜 认输 面红耳赤 妥协 好在 觉得 酷爱 天真
三、1.专心 2.面红耳赤 3.认输 4.妥协 5.白发苍苍 6.懊悔

第十三课
一、碗 顿 斤 只 个 锅 个 口
二、1.包 送 叫 2.买 包 3.叫 打 弯 端 出
三、1.对门 2.礼尚往来 3.翻箱倒柜 4.提心吊胆

第十四课
一、房间 看了一眼 电视 跑下楼 错误 笑了 音乐 玩了一天
二、打开 频道 镜头 专门 镜头 躲
三、1.随便 2.欣赏 3.平常 4.风景点 5.念念不忘

第十五课
一、干扰 帮助 保护区 动物 环境 研究 经验 收养 建设 孩子
二、固定 观察 研究 积累 喜爱 看成 掉队 主动 收养
三、1.保护区 2.繁衍生息 3.珍稀动物 4.掉队 5.繁殖 6.资料

北京大学出版社对外汉语书目

书　名	编著者	定价
*汉语初级教程(1-4册)	邓懿等	120.00元
*汉语中级教程(1-2册)	杜荣等	48.00元
*汉语高级教程(1-2册)	姚殿芳等	50.00元
*汉语情景会话	陈如等	26.00元
趣味汉语	刘德联等	12.50元
*趣味汉语阅读	刘德联等	9.50元
*新汉语教程(1-3)	李晓琪等	85.00元
*新编汉语教程	李晓琪等	12.00元
*读报刊　看中国(初级本)	潘兆明等	20.00元
*读报刊　看中国(中级本)	潘兆明等	25.00元
*读报刊　看中国(高级本)	潘兆明等	25.00元
*汉语中级听力教程(上册)	潘兆明等	20.00元
*汉语中级听力教程(下册)	潘兆明等	29.50元
中高级对外汉语教学等级大纲(词汇·语法)	孙瑞珍等	29.00元
*对外汉语教学中高级课程习题集	李玉敬等	30.00元
中国家常	杨贺松	12.50元
中国风俗概观	杨存田	16.80元
外国留学生汉语写作指导	乔惠芳等	26.00元
*现代千字文	张朋朋	25.00元
*商用汉语会话	郭　力	10.00元
*汉语交际手册	王晓澎等	15.00元
*中级汉语口语(上)	刘德联等	28.00元
*中级汉语口语(下)	刘德联等	28.00元
*速成汉语	何　慕	25.00元
汉语词汇与文化	常敬宇	8.80元
*标准汉语教程(上册1-4)	黄政澄等	100.00元
*标准汉语教程(下册1-2)	黄政澄等	50.00元
*英汉对照韵译毛泽东诗词	辜正坤译	18.00元
老子道德经(汉英对照)	辜正坤译	15.00元
*唐宋诗一百五十首(汉英对照)	许渊冲译	15.00元
唐宋词一百五十首(汉英对照)	许渊冲译	15.00元
汉魏六朝诗一百五十首(汉英对照)	许渊冲译	15.00元

元明清诗一百五十首(汉英对照)	许渊冲译	15.00元
*中国古代诗歌选读	钱华等	15.00元
汉语常用词用法词典	李晓琪等	58.00元
常用汉字图解	谢光辉等	85.00元
汉字书写入门	张朋朋	28.00元
实用汉语修辞	姚殿芳等	16.00元

标*号者均配有磁带,磁带每盘8.00元。

购书及磁带联系人:张跃明　刘锋(国内)　　田秀玲(国际)
邮编　100871
电话:(010)62752035　　62752029　　62752036
传真:(010)62556201